Puttkammer, Du bist schön, meine Freundin.

J. Puttkammer, Du bist schön, meine Freundin. Die erotischen Geschichten der Bibel
Illustrationen: Sammlung J. Puttkammer
Titel: »Eva« von Eric Gill (1882-1940)
1. Auflage 2005
ISBN 3-933574-84-6

Joachim Puttkammer

Du bist schön, meine Freundin.

Die erotischen Geschichten der Bibel

KLATSCHMOHN Verlag

Zum Geleit

Der Gedanke zu diesem Projekt kam mir in der St. Petersburger Ermitage beim Betrachten des Gemäldes »Lot und seine Töchter«. Zwei Gedanken beschäftigten mich seitdem: Die bedeutendsten Maler Europas verarbeiteten biblische Themen, oft sehr eigenständig, auch und vor allem erotische Themen; man denke nur an Dürer, Michelangelo, Rembrandt, Rubens oder Picasso. In vergangenen Jahrhunderten durften nackte Körper nur im Zusammenhang mit biblischen oder antiken Themen dargestellt werden. So waren Adam und Eva nur ein Vorwand, nackte Menschen zu malen. Liebesszenen, die jeden normalen Menschen beschäftigen, konnten nur über Susanna im Bade oder Lot und seine Töchter in der Öffentlichkeit erscheinen. Auch heute entstehen solche Bildwerke, wenn auch meist sehr viel freizügiger, bis hin zu erotischen Exlibris.

Der zweite Gedanke: In jeder Bildergalerie, die ich aufsuchte, beobachtete ich bei auffallend vielen Betrachtern eine gewisse Hilflosigkeit. Heute ist es nicht mehr selbstverständlich, daß die Menschen die Geschichten von Bathseba oder Lot oder Salome kennen. Mit der herkömmlichen Bibel kommen sie aber nicht zurecht. Außerdem trauten sich die meisten Übersetzer nicht, die Sache beim Namen zu nennen. Martin Luther war über Jahrhunderte der bildhafteste und freizügigste Übersetzer, aber auch seine Sprache wird nicht mehr von allen verstanden. Wenn z.B. Adam seine Frau »erkannte«, bedeutet das in unserer Sprache: Er hatte Sex mit ihr.

Ich habe aus der Kenntnis der hebräischen Sprache und des Koiné-Griechisch versucht, die Geschichten neu und überzeugend zu erzählen, wie das auch Franz Fühmann anregte und versucht hatte. Denn die abendländische Kultur ist ohne Kenntnis der Bibel als Kulturgut nicht zu verstehen, unabhängig von unserem Glauben. Ich muß dabei mit dem Protest bestimmter kirchlicher Kreise rechnen, verweise aber auf die narrative (erzählende) Form der Bibeldarbietung, auch auf die Theophantasie in der feministischen Theologie, die heute durchaus üblich geworden ist. Und ich erinnere daran, daß Erotik und Sexualität zu den Grundgegebenheiten unseres Lebens gehören. Wenn Gott sie in unser Leben gegeben hat wie Essen und Trinken, warum scheuen wir uns immer noch, darüber zu sprechen und ihre Geschichten in der Bibel zur Kenntnis zu nehmen? Ich hoffe, auch diese Geschichten werden helfen, die Bibel, die nach einer Umfrage des ZDF (2004) an die zweite Stelle aller gern gelesenen Bücher gehört, auch in Zukunft zur Hand zu nehmen und zu lesen.

Joachim Puttkammer

Inhalt

Adam und Eva

Es war zu der Zeit, als der Mensch noch im völligen Einklang mit der Natur lebte. Er empfand die Welt, die ihn umgab, als einen großen, wunderschönen Garten. Er entdeckte immer neue Pflanzen und immer neue Tiere. Er sah ihr Werden und Vergehen, er beobachtete die Tiere, die miteinander kämpften und sich paarten. Er gab ihnen Namen und ordnete sie damit in sein Weltbild ein und sich unter. Er fand Nahrung an den Bäumen und Sträuchern. Er schaute nachts zu den Sternen auf, die ihm wie Augen erschienen, die freundlich auf ihn hernieder schauten. Er suchte seinen Platz in dieser Welt. Aber er war allein. Er hatte kein Gegenüber, das ihm angemessen war. Jedes Tier hatte einen Partner, wenigstens von Zeit zu Zeit. Er aber hatte nur den Schöpfer, der weit über ihm stand. Mit dem konnte man nicht über das Wetter und das Essen und die Schramme am Bein und was weiß ich noch alles schwätzen. Mit zunehmendem Bewußtsein sehnte er sich nach einem Wesen, mit dem er über Gott und die Welt sprechen und nachdenken konnte. Seine Vollkommenheit langweilte ihn, sie ließ ihm keinen Raum zur Selbstentfaltung. Lieber wollte er unvollkommen sein, dafür aber ein Gegenüber haben, das ihn ergänzte und korrigierte. Der Schöpfer der Welt umgab täglich den Menschen. Eines abends kam er in den Garten, um nach ihm zu sehen. Da bemerkte er die abgrundtiefe Traurigkeit des einsamen Wesens, und er erbarmte sich. Er versetzte den Menschen in einen Tiefschlaf und trennte den Leib in einen Mann und eine Frau. Er gab sich bei der Frau besondere Mühe, all seine Liebe und seine künstlerische Perfektion wandte er an, er gab ihr wundervolle Rundungen an verschiedenen Körperteilen, um den Mann zu erfreuen und der Frau das Bewußtsein zu geben, etwas Besonderes zu sein. Er nannte sie Eva.

Nach der Operation wachte die Frau früher auf als der Mann. Sie widmete sich sofort ihrer Lieblingsbeschäftigung: Sie begann mit ihrer Körperpflege. Als der Mann aus seinem Schlaf erwachte und die Frau sah, frisch und rosig, mit lieblichem Gesicht und wundervollen Bewegungen, wie sie sich kämmte, da stotterte er vor Freude und Aufregung: »Das da – Fleisch von meinem Fleisch – Knochen von meinem Knochen!« Unwiderstehlich fühlte er sich von der Frau angezogen. Die Einheit, die er vorher in sich hatte und die ihm langweilig erschienen war, erschien ihm nun so erstrebenswert wie Essen und Trinken, ja, manchmal vergaß er über dieser Sehnsucht Essen und Trinken, er dachte nur noch daran, sich mit der Frau zu vereinen. Und während Eva im Garten Eden die schönsten Blätter für ihre Garderobe zusammensuchte und überlegte, wie man den Spiegel des Wassers aufrecht stellen könnte, um Kleidung und Frisur besser zu überprüfen, tapste Adam hinter ihr her. Er beobachtete den Bogen ihrer Rückenlinie, den Schwung ihrer Hüften, die Rundung ihres Beckens. Und als sie sich bückte, gewahrte er zwischen ihren Oberschenkeln unter kräuselndem Haar einen rosa Spalt, der ihn magisch anzog. Ihn begann das feste pendelnde Ding zwischen seinen Beinen zu quälen, aus seinem Gehirn schien alles Blut dorthin geflossen zu sein. Er hatte nur noch den einen Wunsch, zu einem einzigen Lebewesen mit vier Armen und vier Beinen zu werden. Er streichelte und küßte Eva so lange, bis sie sich ins Gras legte, ihn in sich aufnahm und ihn gewähren ließ, bis er staunend und jauchzend Erlösung fand in ihrem Schoße. Zuerst war er noch sehr unbeholfen, und auch sie wußte noch nicht so recht, was zu geschehen hat. Aber sie lernten es miteinander und freuten sich immer mehr aneinander. Alles, was sie in ihrer Liebe taten, war gut und richtig, wenn sie beide daran Freude hatten. Wenn sie danach fast besinnungslos zwischen den Sträuchern lagen, mit sich und der Welt ringsum zufrieden, sah der Schöpfer an, was er geschaffen hatte, und siehe, es war sehr gut.

I. Buch Mose, 2

Adam und Eva, Stahlstich von William Blake

Die Engelehen

Nicht nur Adam und Eva lebten auf der Welt. Nicht nur Kain war da. Aus dem Tierreich hatten sich Menschen entwickelt. Sie mußten körperlich schwer arbeiten und konnten über der Sorge um das tägliche Auskommen keine Gedankengebäude errichten. Die Männer mußten auf die Jagd gehen und für sich und ihre Familie Wild heranschaffen. Die Frauen sammelten Obst und Beeren, Pilze und kleine Tiere, die man essen kann. Sie schufen Unterkünfte in Felsenhöhlen, wo sie geschützt waren vor Unwetter und wilden Tieren. Sie waren zufrieden, wenn sie abends satt am Feuer sitzen konnten, wenn sie die Liebe genießen und danach ungestört bis zum frühen Morgen schlafen konnten. So entstanden kraftvolle Männer und üppige Frauen.

Daneben aber gab es in einer anderen Welt Wesen, die göttliche Ehren genossen und sich ausschließlich mit geistigen Dingen beschäftigten. Ihre wichtigste Beschäftigung bestand im Denken. Daß sie aßen und tranken, von anderen Dingen ganz zu schweigen, wird nie berichtet. Wenn doch einmal von ihrer Nahrung gesprochen wurde, war sie so beschaffen, daß sich eine Verdauung nach Art gewöhnlicher Menschen und Tiere nicht vorstellen läßt. Die Himmelwesen schauten beim Denken von Zeit zu Zeit aus ihren geistigen Regionen auf die Menschen herab, die da im Schmutz auf der Erde herumkrochen und die sie im Grunde ihres Herzens verachteten.

Doch ihre himmelstürmenden Gedanken waren plötzlich wie fortgewischt; denn sie sahen die Frauen, wie sie sich bei ihrer Arbeit bewegten, wie sie sich wuschen und kämmten und kleideten, wie sie sich in aller Öffentlichkeit den Männern hingaben. Sie sahen diese vollbrüstigen Weiber mit ihren runden Hüften, sie sahen sie am Boden liegen und die Schenkel öffnen, sie sahen ihren zartrosa Spalt zwischen schwarzkrausem Haargestrüpp. Sie beobachteten die Lust der Männer, hörten Mann und Frau stöhnen und jauchzen – und plötzlich wich alles Blut aus ihren Hirnen, sie konnten nicht mehr an die großen Dinge dieser Welt denken, nur noch an diese Frauen und ihre Verheißungen. Plötzlich wurde ihnen unter ihrem langen weißen Gewand bewußt, daß sie Männer waren. Sie entdeckten ihre Lust. Sie beherrschte ihre Gedanken, ließ sie nachsinnen, wie sie sich den Frauen nähern könnten, um Erlösung zu finden. So verließen sie ihre himmlischen Regionen, ihre geistige Ebene und warben um die Gunst der Frauen.

Und die Frauen erhörten sie. Vielleicht war es bei ihnen so etwas wie Stolz, von den durchgeistigten Gestalten begehrt zu werden, bei denen man oft vergißt, daß sie nicht nur ein Gehirn haben. Vielleicht hatten sie auch nur Mitleid mit diesen etwas unterentwickelten männlichen Körpern mit der weißen Haut, den schlanken Armen und Beinen, den schmalen Schultern und dem flachen Brustkorb. Vielleicht meinten sie, die Erfüllung der Lust brauche jeder Mensch wie Essen und Trinken. Vielleicht aber war es auch schon die Weisheit der Frauen, die die Notwendigkeit der Einheit von Körperlichem und Geistigem begriffen hatten, eher als die Männer, die in stumpfer Kreatürlichkeit zu den Frauen strebten und darüber alles andere vergaßen.

So nahmen also die Frauen die geistigen Gestalten auf ihre Lager und lehrten sie die körperliche Liebe. Mit mütterlicher Behutsamkeit legten sie die Bewohner der himmlischen Welt zwischen ihre Schenkel. Schliefen die zartgliedrigen Männer dann in ihren Armen oder auf ihrem Körper ein, lächelten sie. Denn das Glück des Partners war auch ihr Glück. Wachten die Männer auf, gingen sie fort von den Frauen, zurück in ihre geistigen Sphären. Nur von Zeit zu Zeit dachten sie dankbar an die Frauen, die ihnen solch großes Glück geschenkt hatten. Nun hatten sie wieder den Kopf frei für die große Weltgeschichte. Die Frauen aber wurden schwanger und gebaren Kinder. Diese neuen Menschen konnten körperlich und geistig arbeiten. Den Geistwesen waren sie überlegen durch ihre Körperkraft und ihr Wissen um die Freude des irdischen Lebens. Den Erdenwesen waren sie überlegen durch ihren Verstand, der sie die

Naturgesetze Stück für Stück erkennen ließ. Die neuen Menschen, hervorgegangen aus der Vereinigung von Leib und Geist, wurden die Herren der Welt. In der Liebe aber erreichten sie mit dieser Einheit ihr höchstes Glück. Sie wurden Riesen genannt.
1. Buch Mose 6, 1-4

Anmerkung: Manche Verfechter der Theorie, die Entwicklung des Menschen und unserer Kultur seien durch außerirdische Wesen befördert worden – an ihrer Spitze Erich von Däniken – sehen in dieser Geschichte einen Beleg: Durch Vermischung der Männer »von oben« mit den irdischen Frauen wären wir nach dieser Meinung entstanden.

Die Engelehen, Julius Schnorr von Carolsfeld

Abram und seine beiden Frauen

Abram lebte als wohlhabender Viehzüchter in Haran. Eines Tages aber verließ er seinen Heimatort, verließ alle Freunde und Bekannten, die da wohnten, um als Nomade im Lande Kanaan herumzuziehen. Mit sich nahm er seine Frau Sarai, seinen Neffen Lot, seine Sklavinnen und Sklaven, seine Schafe, Ziegen, Rinder, Esel und Kamele. Er zog fort aus seiner sicheren Stadt, hinein in die unsichere Steppe, wo es Räuberbanden und Raubtiere gab, wo fremde Stämme wohnten, gegen die man sich behaupten, gegen die man kämpfen mußte. Aber alles ging gut, seine Viehherden vermehrten sich, sein Reichtum nahm zu. Dennoch war er traurig; denn er hatte keinen Sohn, der alles übernehmen konnte, wenn er einmal die Augen für immer schloß. Daran dachte er in diesen Zeiten nicht nur immer häufiger, weil der Aufenthalt in der Steppe immer ein gefährliches Unternehmen blieb, sondern vor allem, weil er und seine Frau immer älter wurden. Sarai wünschte sich nichts sehnlicher, als ihrem Mann einen Sohn zu schenken. Aber in all den vielen Jahren ihrer Ehe war sie nicht schwanger geworden, und als sie nicht mehr regelmäßig ihre Tage nach der Art der Frauen bekam, mußte sie die letzte Hoffnung aufgeben. Zudem wandte sich der Mann am Abend immer seltener seiner Frau zu. Seine Augen blitzten nur noch auf, wenn sich eine junge Frau vor ihm anmutsvoll bewegte.

Da kam Sarai auf eine Idee. Unter ihren Sklavinnen gab es eine junge ägyptische Frau von außergewöhnlicher Schönheit. Große Mandelaugen beherrschten ihr Gesicht, langes blauschwarzes Haar rahmte es ein. Trug sie mit wiegenden Hüften den Wasserkrug auf ihrem Kopf und streckte sie dabei ihre kleinen Brüste so heraus, daß sich selbst unter dem groben Stoff ihre Brustwarzen deutlich abzeichneten, glitzerten die Augen aller Männer, die sie beobachteten, auch die des alternden Abram. Da vergaß er sein Alter, da fühlte er sich in der Blüte seiner Manneskraft. Sarai merkte das wohl. Sie beobachtete, daß Abrams Blicke der jungen Frau folgten, daß seine Lippen dabei trocken wurden. Da sagte sie zu ihrem Mann: »Der Herr hat mich verschlossen, daß ich nicht gebären kann. Geh doch zu meiner Sklavin, ob ich vielleicht aus ihr mich aufbauen kann.« Abram war nur zu gern mit dieser Idee einverstanden. Am Abend brachte Sarai selbst ihre ägyptische Sklavin in das Schlafzelt ihres Mannes. Als sich die Sklavin ohne große Umstände entkleidete und der Mann ihre junge Haut mit dem frischen Schweiß unter ihren Armen roch, als er ihren wundervollen festen Körper fühlte, durchlebte der alternde Mann mit der exotischen und äußerst geschickten Ägypterin Hagar noch einmal alle Wonnen der Liebe. Sie tat mit ihm, was er bei seiner Frau nie versucht oder bereits vergessen hatte. Sie mischte geheimnisvolle Elixiere und gab ihm zu trinken, um seine Männlichkeit zu stärken. Aus ihrer Kultur kannte sie keine Hemmungen. Verbunden mit ihrer Leidenschaft war auch die Hoffnung, vom Herrn als Ehefrau angenommen zu werden. Damals galt es für Männer als normal, mit mehreren Frauen ehelich zusammenzuleben.

Sarai hockte in einem Winkel des Zeltes und verfolgte alle Bewegungen und Laute der beiden. Dabei entdeckte auch sie zu ihrem Erstaunen wieder ihre Lust. Sank dann Abram erschöpft in seine Polster zurück, schickte sie ihre Sklavin aus dem Zelt und legte sich neben ihren Mann. Und der Mann wandte sich seiner so lang vertrauten Frau zu. Bewußter noch als in ihrer Jugend genoß sie das Glück der Vereinigung. Ihr Körper war nicht mehr so fest wie der der Sklavin, ihre Haut roch nicht mehr so frisch wie früher, aber der Mann liebte sie immer noch wie am ersten Tage. Nach einiger Zeit zeigte sich, daß Sarais Bemühungen Erfolg zeigten. Hagar wurde schwanger und gebar ihren Sohn Ismael. Er gilt bis heute als Stammvater der arabischen Stämme.

Sarai mußte lange warten, bis auch sie ihren Sohn Isaak empfangen und zur Welt bringen konnte. Aber endlich wurde ihr und Abram doch noch ein Kind geschenkt.

1. Buch Mose, 16

Abram und seine Magd Hagar, Kupferstich von Georg Penez

Lot und seine Töchter

Als Sodom und Gomorrha durch die Erdbebenkatastrophe vollständig zerstört wurden, entkamen nur Lot und seine Frau mit seinen beiden Töchtern. Sie blieben am Leben, weil am Abend vorher drei Männer zu ihnen gekommen waren, ihre Gastfreundschaft genossen und sie auf das kommende Verderben aufmerksam gemacht hatten. Lot wollte auch seine beiden zukünftigen Schwiegersöhne mitnehmen, und die drei Engel waren damit einverstanden. Als aber die beiden Frauen zu ihnen kamen und ihnen die Botschaft der Engel weitergaben, erschien die ihnen lächerlich, und sie wollten sie nicht glauben. Daß die beiden wunderschönen und sicheren Städte aus heiterem Himmel zerstört werden könnten, erschien ihnen absolut undenkbar.

Als dann die Morgenröte des Unglückstages über den Häusern der beiden Städte stand, führten die drei Männer nur Lot, seine Frau und die beiden Töchter in die Berge. Sie hatten Nahrung und Getränke für etwa eine Woche mitgenommen. Da konnten sie in Ruhe abwarten, was in der Stadt geschehen würde. Die jungen Frauen dachten an ihre Verlobten und zögerten; vielleicht konnten sie doch noch umgestimmt und damit gerettet werden. Aber die Engel mahnten zur Eile; denn schon begann die Erde zu beben, und die ersten Gesteinsbrocken flogen durch die Gegend. Sie sagten den vier Leuten, die da mit bangen Gesichtern standen:

»Seht nicht hinter euch; auch bleibt an keiner Stelle stehen. Auf die Berge rettet euch, so schnell ihr könnt, damit niemand von euch umkommt.«

Lot ging unmittelbar hinter den drei Männern, die ihnen helfen wollten. Hinter ihm schritten die beiden jungen Frauen. Ganz zuletzt kam Lots Frau. Immer deutlicher bebte die Erde unter den Füßen, immer stärker und unheimlicher wurden die Geräusche, die wie riesengroße Posaunen klangen, wie Widderhörner. Da Lot und die beiden jungen Frauen nur nach vorne sahen, gewahrten sie nicht, daß Lots Frau fehlte. Erst in der Stadt Zoar, die ein gut Stück entfernt und geschützt in den Bergen liegt, blieben sie aufatmend stehen, um herabzusehen auf die beiden Städte. Da erst gewahrte die Gruppe, daß Lots Frau fehlte. In einer Steinsäule, glitzernd von Salzkristallen, glaubte Lot in der Ferne die Gestalt seiner Frau zu sehen. Ganz augenscheinlich war sie trotz der Mahnung der Männer irgendwann stehengeblieben und hatte sich umgedreht, um das Ausmaß des Schreckens ausgiebig zu betrachten. Dabei mußte sie dann selbst der Katastrophe zum Opfer gefallen sein. Zwischen vierzig und fünfzig Jahren war Lot alt, als er seine Frau verlor.

Die Männer drängten, weiter in die Berge zu gehen. Sie mußten höher steigen, um auch ganz sicher zu sein. Als sie in einem Felsen eine geräumige Höhle entdeckten, verabschiedeten sich die drei Engel, und Lot richtete sich mit den Töchtern ein, so gut es ging. Zu essen hatten sie auf jeden Fall genug. Die beiden jungen Frauen richteten eine Lagerstätte her und bereiteten das Essen. Lot trug Holz zusammen und entzündete ein Feuer. Dann sann er, wie er den Höhleneingang vor wilden Tieren schützen könnte. Damals gab es in jener Gegend noch Bären und Löwen.

Sie richteten sich ein, so gut sie konnten. Als sich die Frauen nach Sonnenaufgang wuschen, sah Lot sie zum erstenmal unbekleidet. Um die zwanzig Jahre alt waren sie damals, und sie waren sehr schön. Lot betrachtete sie ganz ungeniert und mit Wohlgefallen. Natürlich bemerkten es die beiden Frauen, und sie hatten bald einen Plan, der nur in Sodom und Gomorrha entstehen konnte.

Am Abend saßen sie abseits von ihrem Vater und schauten auf die Landschaft, dorthin wo ehemals Sodom und Gomorrha gestanden hatten. Jetzt sahen sie nur Wüste und den Meeresspiegel des Toten Meeres. Dort oben im Gebirge kamen sie sich vor wie die einzigen Menschen auf der Welt. Eine Frau sagte es der anderen: »Wenn wir jetzt nicht vor Einsamkeit sterben wollen, müssen wir uns zu unserem Vater legen – er ist ja der einzige Mann weit und breit – und von ihm ein Kind empfangen.« Sie sahen zu ihm hinüber: auch er starrte auf die Wüste, dorthin, wo sein Haus gestanden hatte und seine Herden weideten. Vielleicht dachte er auch an seine Frau, die da irgendwo als Salzsäule am Wegrand stand.

Die beiden Frauen waren in Sodom und Gomorrha aufgewachsen. Dort war es durchaus üblich, daß Väter mit ihren Töchtern und Mütter mit ihren Söhnen schliefen, die Älteren gaben die Erfahrungen an die Jüngeren weiter. Die jungen Frauen hatten vor ihrer Ehe Verkehr Männern. In den heidnischen Tempeln gab es Hierodulen – das waren Tempeldirnen, die allen Männern des Volkes vor der Ehe zugänglich waren. Der Gott des Volkes Israel allerdings empfand solche Bräuche als Greuel und verbot sie. Sie wußten: Ihr Vater, der den Gesetzen seines Volkes gehorchte, würde das nicht mitmachen. Deshalb mußten sie ihn überlisten.

Am Abend servierten sie ihm wie gewöhnlich Wein und Wasser, wie es üblich war, achteten aber darauf, daß in seinem Becher kaum Wasser, sondern fast ausschließlich Wein war. Lot schien das nicht zu bemerken. Er trank. Bald war er so trunken, daß er beim Aufstehen taumelte. Da brachten ihn die beiden Töchter auf sein Lager und entkleideten ihn. Dabei sahen sie die Erregung seines Gliedes. So hockte sich die ältere der beiden über ihn und nahm es in sich auf. Und Lot gab seinen Samen in den Leib seiner älteren Tochter.

Am nächsten Morgen begegnete er den beiden Töchtern ganz unbefangen. Er schien nichts von ihrem

Spiel bemerkt zu haben. Vielleicht dachte er an einen Traum, in dem ihm seine Frau erschienen war. So war er den ganzen Tag über gelöst und fröhlich wie ein Mann nach einer Liebesnacht.

Am Abend des nächsten Tages wiederholten die Töchter ihr Vorgehen. Und Lot trank wieder, bis die Umgebung um ihn herum verschwamm. Die beiden Frauen brachten ihn auf sein Lager, entkleideten ihn und als sie sahen, daß er weder bereit für sie war, legte sich diesmal die Jüngere zu ihm. Lot träumte, er sei bei seiner jungen Frau und genoß, wie so oft früher, die Lust mit ihr. Nachdem auch die zweite Tochter seinen Samen empfangen hatte, schlief Lot zufrieden ein.

Noch manchen Abend taten sie so, bis es feststand, daß beide Töchter schwanger waren. Lot sorgte für sie, wie ein Mann für seine Frauen sorgt. Als dann die Kinder geboren wurden, hieß der Sohn der älteren Schwester Moab, der wurde zum Stammvater der Moabiter. Den Sohn der Jüngeren nannten sie Ben Ammo. Das war der Begründer des Stammes der Ammoniter.
1. Buch Mose, 19

Lot buhlt mit seinen Töchtern, Kupferstich von Caracci

Jakob heiratet zwei Frauen

Aus Furcht vor der Rache Esaus, den er um den Erstgeburtssegen betrogen hatte, ging Jakob ins Ausland zu seinem Onkel Laban, nach Haran. Dort half er ihm in der Viehzucht und erreichte dank seiner Klugheit und seines Fleißes bald erstaunliche Ergebnisse. Laban bemerkte sehr bald die außergewöhnlichen Fähigkeiten seines Neffen und wollte sie nutzen. Er bot Jakob nach einem Monat an, für Lohn bei ihm fest zu arbeiten und fragte ihn nach seinen Bedingungen dafür.

Als es zum Gespräch zwischen den beiden Männern kam, hatte sich Jakob schon in Rahel, die jüngere der beiden von Labans Töchtern, verliebt. Er offenbarte sich seinem zukünftigen Schwiegervater, und der zeigte sich keinesfalls ablehnend. Aber er fragte, wie denn Jakob den Kaufpreis bezahlen wolle. Damals hatte der Bräutigam an die Familie der Braut eine bestimmte Summe oder bestimmte Wertgegenstände zu entrichten; schließlich fehlte der Familie ja nun eine Arbeitskraft. Außerdem machte solch ein Preis die Braut auch wertvoll. Aber Jakob hatte nichts, das wußten beide Männer. Da schlug

Jakob seinem Onkel vor, er wolle sieben Jahre unentgeltlich für ihn arbeiten; das sollte der Kaufpreis für Rahel sein. Laban erklärte sich gern damit einverstanden; denn wenn es so weiterging mit Jakobs Viehzüchterglück, würde er sehr viel mehr bekommen als eine Ablösesumme für Rahel gebracht hätte. Mit Freude machte sich der junge Mann an die Arbeit, mancher Tag erschien ihm wie im Fluge zu vergehen, und kam er abends auch zuweilen müde und verschmutzt nach Hause, sah er dort Rahel mit ihrem schönen Gesicht und ihren strahlenden Augen, ihrer schönen Figur und ihrem anmutigen Gang, und alle Müdigkeit war wie fortgewischt. Er durfte auch mit ihr sprechen, sie saßen zusammen am Feuer. Oft malte er sich aus, wie schön es sein würde, wäre erst die Zeit um. Aus der Rückschau erschienen ihm sieben Jahre kurz, so sehr freute er sich auf Rahel. Und schließlich kam der Tag, auf den er hingearbeitet, auf den er und Rahel sehnsüchtig gewartet hatten. Jakob trat vor seinen Schwiegervater und erinnerte ihn daran, nun sei die Zeit abgelaufen; jetzt erwarte er die Einlösung von Labans Versprechen. Laban nickte auch sehr bereitwillig. Selbstverständlich werde jetzt eine Hochzeit ausgerichtet. Er gab Anweisung für die Vorbereitungen zum Fest und lud der Sitte entsprechend die Bewohner des ganzen Ortes ein. Eine Woche sollte gefeiert werden.

Mastochsen und Hammel wurden geschlachtet und am Spieß gebraten, Wein- und Wasserschläuche in die Äste der niedrigen Bäume gehängt, viele, viele Brotfladen auf den heißen Herdplatten gebacken. Wer kam, schnitt mit seinem Messer so viel Fleisch vom Spießbraten, wie er wollte, aß dazu die Brotfladen und trank den Wein, meist vermischt mit Wasser. Jakob war überglükklich und mit ihm Rahel.

Der Höhepunkt der Hochzeit in jener Zeit war der Moment, da am Abend des ersten Hochzeitstages die verschleierte Frau in den Schlafraum des Bräutigams geführt wird. Jakob empfing sie überglücklich. Als die Tür hinter ihnen verschlossen wurde, entkleideten sich die beiden ohne ein Wort, legten sich ins Bett und genossen zum ersten Mal in ihrem Leben die Wonnen der körperlichen Liebe. Wie oft sie es in dieser ersten Nacht miteinander taten, weiß niemand. Wer will da auch zählen! Wer aufwachte, näherte sich dem anderen, und dann freuten sie sich ihrer Körper und lebten ihre Leidenschaften aus. Sie taten es in völliger Dunkelheit, fühlten, rochen, kosteten sich gegenseitig.

Doch wie groß war das Erschrecken Jakobs, als er beim ersten Tageslicht zu seiner Frau hinüberschaute und sah: Neben ihm lag Lea, die ältere von Labans Töchtern! Jakob sprang auf vom Lager, kleidete sich an, so schnell er konnte und lief zu seinem Schwiegervater auf den Hof. Der fütterte gerade das Vieh. Jakob schrie ihn an: »Habe ich dir nicht um Rahel gedient? Warum hast du mich betrogen?« Laban antwortete: »Es ist nicht Sitte in unserem Land, daß man die jüngere ausgebe vor der älteren. Aber halte mit dieser die Woche aus, so will ich dir auch Rahel geben um den Dienst, den du bei mir noch weitere sieben Jahre leisten sollst.« Jakob blieb nichts anderes übrig, er mußte sich mit Labans Plan einverstanden erklären, wollte er Rahel haben. Er war fremd in diesem Land und konnte kein Recht für sich einklagen.

Aber es war da noch etwas, das ihn sein Einverständnis erklären ließ: Er hatte in der vergangenen Hochzeitsnacht eine Leidenschaft in Lea entdeckt, die er nie vermutet hatte, die ihn aber begeisterte und faszinierte. Auf die wollte er nicht mehr verzichten. Bald sah er auch in den kommenden Tagen und Nächten, daß Leas Gesicht zwar nicht schön war, wohl aber ihr Leib. In der nächsten Zeit erforschte er diese Frau immer mehr, und er begriff, wie unwichtig ein Gesicht für einen Mann sein kann, wieviel wichtiger andere Dinge für das Zusammenleben von Mann und Frau sind. Ihm verging die Woche mit all den Festlichkeiten und den vielen Gratulanten wie im Fluge, und als Laban wirklich nach acht Tagen sein Versprechen hielt und ihm Rahel zuführte, befremdete ihn das fast. Auch Rahel bot ihm ihren Körper, der schön gewachsen war. Auch Rahel bemühte sich, ihm eine gute Geliebte zu sein. Wachte Jakob nach einer Nacht mit ihr auf, betrachtete er gern ihr schönes Gesicht. Aber in der Kunst der Liebe war Lea mit ihrer Glut und Leidenschaft der jüngeren Schwester weit überlegen. Und je mehr er die beiden verglich, desto lieber wurde ihm Lea. Ihr Körper fühlte sich wärmer, weicher und biegsamer an. Nur ihr Gesicht war mit dem von Rahel nicht zu vergleichen. Jakob liebte am Tage das strahlende Lächeln von Rahel, in der Nacht erfreute er sich am Leib und der Liebe Leas. So war er rundum zufrieden, arbeitete bei den Viehherden und hatte Erfolg: Die Zahl der Herden vergrößerte sich ständig.

Aber die beiden jungen Frauen wurden aufeinander eifersüchtig. Vor Jakob versuchten sie einander zu übertreffen. Rahel pflegte ihr Gesicht noch mehr als vorher, betonte nach ägyptischem Vorbild den Glanz ihrer Augen und die Röte ihrer Lippen. Lea ergründete mit Fleiß, was ihrem Mann im Bett gefiel. Sie erriet seine geheimsten Wünsche, es gab bei ihr keine Tabus, sie war zu allem bereit, was Jakob Freude machte.

So war sie auch die erste, die schwanger wurde. Da in jener Zeit der Wert einer Frau danach bestimmt war, wie viele Nachkommen sie zur Welt brachte, trug sie stolz das Kind in ihrem Leib und brachte nach der Zeit einen gesunden Jungen zur Welt. Jakob freute sich unbändig. Aber Rahel wurde traurig. Sie tat das Gegenteil von dem, was für sie klug gewesen wäre: Sie weinte vor ihrem Mann und verweigerte sich ihm gelegentlich. Jakob versuchte sie zu trösten; auch sie werde Kinder von ihm zur Welt bringen, sagte er. Aber Rahel weinte nur, erfand auch manche Krankheit, um die Zuwendung ihres Mannes für sich zu gewinnen. Doch Jakob tat das Gegenteil: Er wandte sich Lea zu und zeugte bald mit ihr ein zweites, drittes und gar viertes Kind. In den Augen ihrer Mitmenschen war sie die wertvollere der beiden, auch wenn Jakob gegenüber Rahel beteuerte, er habe sie genauso lieb wie Lea. Nun legte sich Rahel auch wieder öfter zu ihrem Mann; sie wollte ein Kind haben. Doch trotz aller Versuche wurde sie nicht schwanger. Da kam sie auf eine Idee. Sie hatte eine junge und sehr reizvolle Sklavin, Bilha. Die sollte zu Jakob ins Bett gehen und ihr ein Kind gebären. Denn es gab ein Gesetz: Wenn die Sklavin ihr Kind in den Schoß der Herrin gebiert, gehört das Kind der Herrin; es ist so, als habe die Herrin das Kind selber geboren.

Also brachte Rahel ihre junge und schöne Sklavin zu Jakob und wachte darüber, daß ihr Mann mit der jungen Ägypterin schlief. Der tat es gern und die junge Frau ebenso mit ihm. Sie lehrte ihn ein paar Dinge, die er wohl noch nicht kannte, die in ihrer Heimat wohl aber beliebt waren. Und bald zeigte sich, daß das Miteinander der beiden Erfolg hatte: Der Leib von Bilha wölbte sich, und sie gebar ihm einen Sohn, nach dem Recht nun Rahels erster Sohn. Jakob freute sich, aber Rahel sah, daß Lea immer noch drei Söhne mehr hatte. Als deshalb Bilha wieder rein war, brachte Rahel ihre Sklavin wieder zu Jakobs Schlafstatt. Der wandte seine Liebe nur allzu gern der jungen Frau zu, und bald erwartete sie ein weiteres Kind. Allerdings vernachlässigte er dabei Lea. Die sah wohl, daß ihr Mann älter wurde, deshalb mehr Anreiz brauchte – sie aber wurde nicht jünger und nicht schöner. Der Reiz des Neuen an ihr war bei Jakob vorbei. Mit zunehmendem Alter begann ihr Körper zu welken, und das Gesicht, das nie reizvoll gewesen war, verlor noch mehr an Glanz. Da kam sie auf denselben Gedanken wie Rahel: Sie suchte sich die schönste ihrer Sklavinnen aus, Silpa, und brachte sie zu Jakob. Am Fuße des Bettes saß sie, wenn ihr Mann sich der jungen Frau zuwandte und die beiden ihre Körper und ihre Lust erforschten. Das Herz krampfte sich in ihrer Brust zusammen, wenn sie ineinander verschmolzen, zu einem vierbeinigen und vierarmigen Lebewesen wurden, wenn sie keuchten und stöhnten, aufjauchzten und schließlich still wurden, oft ineinander einschliefen. Aber sie sah keine andere Möglichkeit, ihren Mann bei sich zu behalten. Sie sehnte sich mit aller Glut ihres Leibes nach dem Mann, auch und gerade jetzt, da sie das Spiel der beiden beobachtete.

Gern hätte sie weiter mit diesem Mann, den sie liebte, zusammengelegen. Vor allen Dingen aber wollte sie ihm noch einen Sohn gebären, um in Jakobs Augen wieder an Wert zu gewinnen. Bald sah sie auch ihre Chance. Als ihr ältester Sohn einmal von der Weizenernte nach Hause kam, hatte er Liebesäpfel in seinen Händen. Er jonglierte die fünf Früchte wie ein Artist in seinen Händen, warf sie nacheinander hoch, fing sie auf und warf sie wieder in die Höhe. Sie bat ihn: »Gib mir diese Äpfel, bitte!« Und der Sohn schenkte sie ihr. Mit den Früchten ging sie zu Rahel und bot ihr die zum Tausch an gegen die kommende Nacht; denn sie fühlte, wenn Jakob in dieser Nacht mit ihr zusammen sei, würde sie schwanger. Sie merkte in ihrer Not nicht, daß auch Rahel darunter litt, daß ihr Mann es ganz augenscheinlich mit den beiden jungen exotischen Schönheiten sehr viel lieber trieb als mit ihr. Mit ihr saß er gern zusammen, plauderte nett und war freundlich. Aber die Nächte gehörten ihr nicht. Damit sah sie auch kaum Möglichkeiten, von ihm ein Kind zu empfangen und in den Augen der Familie und der Gesellschaft wertvoll zu sein. Mit den Liebesäpfeln erhoffte sie sich Anziehungskraft und Fruchtbarkeit. So erkaufte sich Lea diese Nacht.

Als ihr Mann am Abend vom Feld kam, lief Lea ihm entgegen. Sie hatte sich extra gewaschen, ihren Körper gepflegt und ihr schönstes Kleid angezogen. Sie sagte: »Heute nacht gehörst du mir, nicht Rahel. Ich habe dich erkauft mit den Liebesäpfeln meines Sohnes.« Und der Mann erinnerte sich der leidenschaftlichen Nächte, die er mit dieser Frau verbracht hatte, und sie gingen in sein Zelt, sie warfen ihre Kleidung ab, und wie in ihrer ersten Zeit entdeckten sie sich in ihrer Liebe. Dieses Neuerkennen bewegte Jakob so sehr, daß er von den beiden Sklavinnen nichts mehr wissen wollte, vorläufig jedenfalls nicht, und daß ihm Rahel unwichtig wurde. Er dachte nur an Lea und liebte sie im Dunkel seines Zeltes mit aller Kraft und Freude seiner Männlichkeit. Glücklich war er, als Lea ihm strahlend verkündete, sie erwarte ein Kind. Stolz zeigte sie die Wölbung ihres Leibes; alle sollten erkennen, daß dieser Mann ihr gehörte und ihr allein seine Liebe zugewandt hatte. Jakob war so glücklich über die Geburt eines weiteren Sohnes, daß ihm auch weiter Lea die liebste Bettgefährtin blieb. Als ihr Wochenfluß vorbei war, nahm er sie wieder zurück und sie wurde noch einmal schwanger von ihm.

Damit hatte Lea ihr Ziel erreicht: Sie hatte den Mann für sich gewonnen. Bedingt durch die Schwangerschaft verlor sie nun die Lust an Jakobs Leidenschaft. Da nahm er Rahel wieder zu sich ins Bett, und in der Zeit von Leas Schwangerschaft schwängerte er Rahel, die ihm nun ihr erstes leibliches Kind gebar, auch einen Sohn. So hatte Jakob in den Jahren bei Laban mit den vier Frauen zwölf Söhne und eine Tochter gezeugt. Die Söhne gelten bis heute als die Väter der zwölf Stämme des Volkes Israel.
1. Buch Mose, 29

Laban gibt Jakob eine Frau, Julius Schnorr von Carolsfeld

Die Frau, die unbedingt ein Kind wollte

In der Zeit, da diese Geschichte geschah, hatte eine Frau nur durch ihren Mann und ihre Kinder einen Wert; allein als Frau galt sie nichts. So versuchte jede Frau, einen Mann und möglichst viele Kinder zu bekommen, Und da in jener Gesellschaft Männer sehr viel mehr galten als Frauen, sollten die Kinder Söhne sein. Je mehr Kinder geboren wurden, umso deutlicher schien Gottes Segen über der Familie zu liegen. Wurde kein Kind geboren, glaubten die Menschen, Gott strafe die Familie für irgendwelche böse Taten, die sie oder ihre Eltern oder Großeltern verübt hatten.

Thamar hieß die Frau, die im Lande Kanaan lebte und verheiratet war mit dem Mann Ger. Ger war der älteste Sohn von Juda, einem der zwölf Stammväter des Volkes Israel, einer der Söhne Jakobs. Aber Ger starb kurz nach der Hochzeit. Und die Leute ringsherum sagten: »Wahrscheinlich hat er viel Böses getan, daß Gott ihn so früh aus dieser Welt gerissen hat. Nicht einmal ein einziges Kind konnte er zeugen. Schlimmer geht es wohl nicht.« Juda aber liebte seinen Sohn, auch wenn Gott ihn vielleicht gestraft hatte. Er überlegte, wie er den guten Ruf seines Sohnes Ger retten könne, und er kam auf eine Regelung, die es in Israel gab: Der zweite Sohn sollte Thamar nun heiraten. Wenn in der Schwagerehe ein erstes Kind geboren würde, gehörte es nach dem Gesetz dem ersten, nun verstorbenen Mann. Juda befahl also in väterlicher Strenge seinem zweiten Sohn, seine Schwägerin Thamar zu heiraten und mit ihr ein Kind, möglichst einen Sohn, zu zeugen. Der zweite Sohn, Onan mit Namen, gehorchte seinem Vater, zumal Thamar eine junge und schöne Frau war, mit der es sich gut leben und lieben ließ. Die Hochzeit wurde mit aller Pracht und Herrlichkeit vom ganzen Ort gefeiert. Viele freuten sich mit Thamar, daß so schnell die Zeit ihrer jungen Witwenschaft zu Ende gegangen war. Am Abend des ersten Tages führte Juda die reizvolle Frau in das Haus seines Sohnes. Der nahm den Schleier vom Gesicht Thamars, er entkleidete erst die Frau und dann sich. Er sah die wundervoll weichen Formen ihres Leibes und trug sie auf sein Lager. Er legte sich zu ihr und ging in sie ein. Als er aber zum Höhepunkt kam, unterbrach er den Verkehr mit der Frau und ließ seinen Samen zu Boden tropfen. Denn der Same war ihm kostbar, er galt ihm heilig. Er gehörte ihm ganz allein.

Thamar war traurig und nahm ihren Mann immer wieder auf in ihren Leib. Sie wollte von ihm ein Kind. Sie tat vieles dafür. Doch jedes Mal verhinderte Onan im letzten Moment eine Schwangerschaft.

Auch Onan starb nach kurzer Zeit der Ehe. Und die Leute, die aus den Klagen der Witwe wußten, wie sich Onan beim Beischlaf verhalten hatte und die gern solche intimen Dinge unter dem Mantel der Verschwiegenheit weiterflüsterten, waren sich einig: Das ist die Strafe Gottes. Denn in jener Zeit hatte das intime Zueinanderfinden von Mann und Frau vor allem den Sinn, Nachkommen zu zeugen. Alle anderen Absichten galten als böse und deshalb verwerflich. Dazu gehörte selbstverständlich auch die gleichgeschlechtliche Sexualität oder gar das Tun mit Tieren, wie es bei den Völkern ringsum durchaus üblich war.

Thamar aber lebte wieder als Witwe, ohne ein Kind zu haben, geschweige denn einen Sohn. Mit zunehmendem Alter wurde dies auch deshalb problematisch, weil die Söhne später die Versorger der Eltern zu sein hatten; so befahl es das Gesetz. Wenigstens einer sollte es sein, der für seine Mutter sorgte. Je mehr dazukamen, desto besser für die Mutter. Juda erkannte die Not seiner Schwiegertochter. Er wollte Thamar helfen. Er bat sie, als Witwe ins Haus ihrer Eltern zurückzukehren, damit sie erst einmal versorgt sei. Er hatte noch einen Sohn, Schela, der würde sie ganz bestimmt heiraten und dann Kinder mit ihr zeugen, wenn er reif genug war für die Ehe. Nun war Schela zwar alt genug, um zu heiraten, auch wenn er jünger war als die Frau. Aber das würde auch in den kommenden Jahren so bleiben. Daß Juda mit der Hochzeit des dritten Sohnes zögerte, lag daran, daß er fürchtete, sein letzter Sohn werde ebenso sterben wie Ger und Onan; als läge ein Fluch über dieser Frau. So wartete die Witwe vergeblich, daß ihr Schwiegervater sie wieder in den Stand der Ehe erhob. Sie erfuhr, daß auch die Frau des Judas gestorben war und konnte nur ahnen, daß der Fluch mehr über der Familie von Juda lag als über ihrer. Aber sie wollte ein Kind haben, sie wollte deutlich machen: An mir liegt es nicht, daß ich von den beiden Männern kein Kind bekommen habe. Es mußte allerdings aus der Familie sein, zu der ihre beiden so früh verstorbenen Männer gehörten, sonst wäre sie als Ehebrecherin öffentlich verbrannt worden, obgleich sie keine Ehe mehr führte.

Da hörte Thamar, was im Hause des Juda geschah: »Dein Schwiegervater geht hinauf nach Timna; dort will er zusammen mit seinem Freund Hira von Adullam die Schafe scheren.« Die Schafschur galt immer als etwas Besonderes, sie war so etwas wie ein großes Fest. Die Männer standen dann den ganzen Tag im Gehege, warfen die sich wild sträubenden Tiere auf den Rücken und schoren sie. Dies bedeutete eine gewaltige Kraftanstrengung. Hier ging es um Hunderte von Tieren. Da mußte ein Mann zeigen, welche Kraft er hatte. Da saßen die Männer am Abend um das Feuer zusammen, spülten den Staub und die Wollfasern aus ihrer Kehle, sangen und tranken. Und natürlich dachten sie auch an den Betrag, den sie für ihre Arbeit und die Wolle bekommen würden. Es war ein großes Fest der Männer.

In Hochstimmung ging auch Juda zu dem Ort, wo seine große Herde von Schafen und Ziegen graste. In jener Zeit gab es noch kein Geld. Der Reichtum einer Familie zeigte sich in der Zahl ihrer Tiere. Auf dem Weg nach Timna kam er an der Stadt Enajim vorbei. Da sah er eine Frau am Stadttor sitzen. Die Frau hatte ihr Gesicht verschleiert, trug aber eine Kleidung, die auch auf Entfernung deutlich machte: Es war eine Hure. Durch die dünne Kleidung konnte Juda deutlich ihre Figur erkennen, ihre Brüste und ihre Arme zeigte sie völlig.

Juda war Witwer, war aber noch in dem Alter, da alles Blut in den Unterleib schießt, wenn ein Mann eine Frau so erblickt. Im Hochgefühl des Festes, das ihn bei den Tieren erwartete, trat er auf die Frau zu und fragte sie, ob sie es mit ihm tun wolle. Die Hure antwortete, sie werde sich gern mit ihm in das schützende Gebüsch legen. »Aber was gibst du mir dafür?« Juda bot ihr einen Ziegenbock an. Der galt als guter Braten. Aber der Bock mußte erst geholt werden, und Juda wollte sofort mit der Frau ins Gebüsch gehen. Sein Kopf konzentrierte sich nur noch auf diese eine Sache. »Ich bring dir ganz bestimmt den Ziegenbock«, versprach er, »laß es uns jetzt tun!« Aber die Frau entgegnete, irgendein Pfand möchte sie schon haben. Das könne er ja später wieder bei ihr auslösen, wenn er mit dem Tier komme. Sie habe da so ihre Erfahrungen gemacht.

Der Mann sah nur ihren Körper und spürte seine Lust. »Was willst du denn als Pfand?« fragte er und leerte seine Tasche vor ihr aus. »Such dir etwas heraus, nur nicht das, was ich unbedingt zur Schur haben muß.« Die Frau wählte einen Stab, den er in der Hand hielt, eine Schnur, die er gern hergab – sein Freund und die Knechte hatten genug Seile – dann aber vor allem sein Siegel. Normalerweise hätte Juda das nicht hergegeben, aber die Lust auf die Frau trübte seinen Verstand. Außerdem dachte er, in ein paar Tagen werde er es ja wieder in seinen Händen halten. Die Frau tat also die drei Dinge in ihre Tasche, erhob sich, ging mit dem Mann hinter das nächste Gebüsch und war ihm zu Willen. Danach verabschiedete sich der Mann von ihr, versprach noch einmal, nach ein paar Tagen wieder an das Stadttor zu kommen und ging zum Fest der Männer, zur Schafschur.

Juda aber ging nicht wieder zu der Frau zurück. Er schickte nach dieser Zeit seinen Freund mit dem Ziegenbock nach Enjaim, doch der sah die Frau dort nicht sitzen. Deshalb ging er in die Stadt und fragte nach ihr. Da Juda ihr Gesicht nicht gesehen hatte, konnte auch der Freund sie nur ungefähr beschreiben. Juda erinnerte sich natürlich an ihren Leib, aber den mußte nicht jeder kennen. Der Freund beschrieb die Kleidung, so wie Juda sie ihm beschrieben hatte, aber die wechselt eine Frau regelmäßig, oft mehrmals am Tage. Die Einwohner sahen Hira erstaunt an: »Hier gibt es keine Hure, wie du sie beschreibst. Hier hat nie jemand vor dem Tor so gesessen.« Unverrichteterdinge kam er nach Hause und berichtete seinem Freund. Der schlachtete nun den

Bock für sich. Wenn sie sich nicht wieder blicken läßt, dachte er, kann sie eben nicht den versprochenen Lohn bekommen. Ich habe jedenfalls Wort gehalten. Die Schnur und der Stab bedeuteten keinen Wert. Das Siegel allerdings war kostbar. Aber die Frau konnte damit kaum etwas anfangen, und er würde sich ein neues machen lassen. Er ging wieder seiner gewöhnlichen Arbeit nach und hatte bald das Ganze vergessen. Er sah mit Freude seinen jüngsten Sohn heranwachsen und mehr und mehr auch in der Wirtschaft mitarbeiten. Daß er ihn seiner zweimal verwitweten Schwiegertochter versprochen hatte, kam ihm zuweilen ins Gedächtnis, wurde aber nur allzu bald wieder vergessen.

Da hörte er nach drei Monaten: »Deine Schwiegertochter ist schwanger.« Und die Gerüchte darüber, wer der Vater sein könnte, brodelten im Ort. Juda aber zeigte sich sichtlich empört und gab Anweisung, sie ihres Vergehens zu überführen und als Hure zu verbrennen. Nach dem Gesetz des Mose sollten aber beide verbrannt werden, die Hurerei getrieben hatten, der Mann und die Frau. »Von wem bist du schwanger?« bedrängten die Männer um Juda sie. Thamar antwortete: »Ich bin schwanger geworden von dem, der mir als Pfand für meine Hingabe diese drei Dinge gab.« Damit legte sie den Stab, die Schnur und das Siegel auf den Tisch und fragte Juda: »Soll ich jede Einzelheit unseres Beisammenseins erzählen, oder glaubst du mir so?« Juda schaute sie nachdenklich an: »Du bist gerechter als ich. Meinen jüngsten Sohn hatte ich dir versprochen. Aber ich habe mein Versprechen nicht gehalten. Komm, wohn von jetzt ab in unserem Haus.« Da zog Thamar aus der Wohnung ihrer Eltern zu Juda, der sie liebevoll versorgte, sie aber nicht mehr berührte.

Nach sechs Monaten wurde sie in einer komplizierten Geburt von zwei Söhnen entbunden. Sie nannte sie Perez und Serach und galt nun als geachtete Frau im Volke Israel.

1. Buch Mose, 38

Onan entzieht sich seiner Pflicht der Kinderzeugung, Italienisches Gemälde, 17. Jh

Joseph und Potiphars Frau

Nachdem die zehn Söhne Jakobs ihren elften Bruder, Joseph, als Sklaven an eine vorüberziehende Karawane verkauft hatten, wurde er nach Ägypten auf den Sklavenmarkt gebracht. Dort sah ihn Potiphar, ein Kammerherr und Hauptmann des Pharao, Er kaufte den gutaussehenden jungen Mann – Joseph war damals vielleicht sechzehn Jahre alt – und teilte ihn einem seiner Aufseher für das Haus zu. Schon die Beurteilung für das Haus bewies: Potiphar sah in Joseph etwas Besseres. Sonst hätte er ihn für die Feld- oder Bauarbeiten genommen. Natürlich tat er zunächst niedrigste Dinge im Haus; er hatte die Räume zu reinigen oder in der Küche das Gemüse zu putzen. Bald aber merkte Potiphar, daß alles, was dieser Sklave tat, außerordentlich gut gelang. Da bekam er die Aufsicht über eine Gruppe von Haussklaven. Und da er in kürzester Zeit auch die Landessprache beherrschte, machte ihn Potiphar bald zum Oberaufseher über Haus, Hof und Felder. In jener Zeit führte der Pharao gegen mehrere Länder Krieg, die von seinem Großreich abfallen und selbständig werden wollten. Daher mußte Potiphar als Hauptmann seiner Truppe immer wieder einmal für längere Zeit fort. Irgendwann rief er den jungen Sklaven und gab ihm den Auftrag, in seiner Abwesenheit den gesamten Besitz zu verwalten. Der junge Mann erfüllte seine Aufgabe umsichtig und zuverlässig und behielt von nun an auch die Leitung der Wirtschaft, wenn der Hausherr da war. Potiphar widmete sich dafür lieber der Jagd oder Vergnügungen, die es in der Gesellschaftsschicht, der er angehörte, in reichlicher Zahl gab. Joseph hatte ihm nur am Ende eines Monats das Buch mit den Einrahmen und Ausgaben vorzulegen, und Potiphar stellte oft fest: Der wirtschaftete viel umsichtiger und effektiver als er.

Diese verantwortungsvolle Aufgabe bewirkte, daß Joseph eigentlich kein Sklave mehr war. Er konnte sich völlig frei bewegen. Mit seinen Untergebenen ging er zum Markt und kaufte die Lebensmittel ein, die Potiphar und seine Frau mochten. War etwas zu reparieren, verhandelte er mit den Handwerkern und entlohnte sie, war die Arbeit getan. Er verkaufte die Früchte des Feldes, die er für das Haus nicht brauchte. Zwar mußte er weiter die Haartracht und das Gewand der Sklaven tragen, da aber viele Sklaven in Ägypten gelehrte Menschen waren, die lesen und schreiben konnten, die auch an verantwortlichen Stellen der Wirtschaft und der Kultur saßen, konnte Joseph mit diesem Status gut zurechtkommen. Er hatte seinen Feierabend und konnte damit machen, was er wollte. So traf er Bekannte und hatte bald Freunde. Lediglich das Land durfte er nicht verlassen. Joseph dachte manchmal an die schwere Arbeit, die seine Brüder beim Vieh und auf dem Felde zu leisten hatten; da erschien ihm die Arbeit hier bei Potiphar wie eine Erholung, und er dankte Gott, daß der es so gut mit ihm eingerichtet hatte.

So hätte es für ihn über Jahre fortgehen können, hätte nicht Potiphars Frau Gefallen an dem jungen Haussklaven gefunden. Sie war, da ihr Mann viel am Pharaonenhof oder in den eroberten Ländern Ägyptens zu tun hatte, oft allein. Außerdem wußte sie natürlich, daß auch ihr Mann eine Geliebte hielt; das war für die Männer dieser Schicht selbstverständlich. Und da sie zuweilen nachts nach leidenschaftlichen Träumen mit wild klopfendem Herzen und unstillbarem Begehren aufwachte, suchte sie Abhilfe. Sie ließ ihre Augen umherschweifen und fand Gefallen an Joseph. Sie beobachtete seine Bewegungen, den Ausdruck seines Gesichtes, wie er sprach, und dann stellte sie sich vor, wie dieser junge Mann wohl in der Liebe sei. Gewiß, er war jünger als sie, doch das reizte eher ihre Lust, als daß es sie zurückhielt. Wenn er unerfahren war, würde sie ihm schon alles Nötige beibringen, und dann konnten sie miteinander ihre Lust entdecken.

Joseph merkte natürlich, was die Frau mit ihm vorhatte. Ihre Blicke verfolgten ihn, ihre Bemerkungen waren bald eindeutig, zuweilen berührte sie auch seinen Körper, stand er in ihrer Nähe. Und irgendwann forderte sie ihn auf: »Komm mit mir, daß wir es miteinander treiben!« Für einen Sklaven wie Joseph war das ein Befehl; er hatte zu tun, was die Frau von ihm wollte. Die Herrin war schön und begehrenswert, und sie würde ihm alle Spielarten der Liebe beibringen, das wußte er. Er hatte auch Sehnsucht nach einer Frau. In manchen Nächten wachte er mit starkem Herzklopfen auf und spürte die Erregung seines Leibes. Im Grunde konnte ihm also nichts Besseres geschehen als diese Frau. Dennoch verweigerte er sich. Nein, es war nicht der Gehorsam gegenüber Potiphar. Der ging auch zu anderen Frauen, wenn ihm danach war, und er sah es wahrscheinlich gelassen, wenn sich seine Frau einen Liebhaber nahm.

Joseph hatte andere Gründe: Für die Männer seines Stammes galt das Gebot, nur mit den Frauen ihres eigenes Volkes zu verkehren. Der Samen war etwas Heiliges. In ihm gaben die Männer alle ihre Fähigkeiten, ihren Charakter, selbst einen Teil ihrer Seele weiter. Den durfte kein Mann an die Frau eines fremden Stammes so einfach vergeben. Damit begründete Joseph auch seine Weigerung, mit Potiphars Frau zu schlafen. Die aber verstand das nicht – wie sollte sie auch, sie gehörte zu einem Volk, das solche Vorschriften nicht kannte. Also fühlte sie sich zurückgesetzt, nahm vielleicht an, sie sei zu alt und nicht schön und reizvoll genug. Vor allem aber: Er hatte zu gehorchen. Nachdem sie sich dem jungen Mann offenbart hatte, versuchte sie nun mit allen Mitteln, ihn ihrem Willen untertan zu machen. Er war ihr Sklave, er durfte sich ihr nicht widersetzen. Also verfolgte sie ihn, wenn sie im Haus und allein waren. Doch Joseph wich ihr immer wieder aus. Als er aber einmal aus der Tür kam, faßte sie ihn ganz fest am Obergewand und befahl: »Komm jetzt mit mir! Ich bin deine Herrin, ich befehle es dir.« Joseph versuchte wieder zu entkommen. Als ihm nichts anderes übrig blieb, schlüpfte er mit Armen und Kopf aus dem Gewand und lief fort. Einen Moment blieb die Frau mit dem Gewand in den Händen überrascht stehen. Dann packte sie ein unbändiger Zorn und ein Rachegelüst. Sie fühlte sich zu Tode beleidigt. Für sie gab es keine größere Kränkung, als von diesem jungen Sklaven abgelehnt zu werden. Dem würde sie es zeigen! Sie war die Herrin. Sie zerraufte sich ihre Haare und zerriß einen Träger ihres Kleides. Dann schrie sie um Hilfe, daß es im ganzen Hause widerhallte. Von allen Seiten kamen auch gleich die Bediensteten und die Sklaven angelaufen, um ihr zu helfen. Die Frau schluchzte – das kann jede richtige Frau aus dem Stand – und berichtete, Joseph sei schon lange zudringlich zu ihr gewesen, sie habe ihn aber jedesmal abwehren können. Doch nun habe er sie gepackt und wollte sie vergewaltigen. Als sie um Hilfe schrie, sei er fortgerannt. Sie habe ihn noch festhalten wollen, doch er sei aus dem Obergewand geschlüpft. Da suchte die Dienerschaft Joseph, den Haussklaven, fand ihn bei der Arbeit im Vorraum der Villa, packte ihn und brachte ihn in einen Raum ohne Fenster, wo unbotmäßige Sklaven eingesperrt werden. Dort saß er und wartete, bis Potiphar von seiner Reise zurückkam. Die Frau erzählte unter Tränen und Schluchzen, was Joseph ihr Schreckliches hatte antun wollen. Der Mann glaubte natürlich seiner Frau, wie die meisten Männer glaubte er mehr noch ihren falschen Tränen. Er hörte nicht einmal Joseph an. Er hätte ihn töten lassen können. Da er aber Joseph im Grunde seines Herzens mochte, ließ er ihn ins Gefängnis abführen.

Damit war der Weg zum Pharao und zur Rettung des ägyptischen Volkes von der Hungersnot frei.
1. Buch Mose, 39

Potiphars Frau und Joseph, Julius Schnorr von Carolsfeld

Samson und Dalila

Samson war ein Kerl wie ein Baum, der einmal einen jungen Löwen in der Luft zerriß, als der ihn anfiel, und ein andermal eine Metalltür aus der Stadtmauer hob und wie einen Schild auf dem Rücken trug, als mit Pfeilen auf ihn geschossen wurde. Mit Begeisterung schadete er den Philistern, die damals das Land Israel erobert hatten und es ausplünderten. Am liebsten brachte er ein paar von den Feinden um. Da sein Gehirn einfach beschaffen, dennoch aber mit einer gewissen Schlauheit begabt war, konnten ihm die Philister nicht schaden. Seine Kraft hatte er, so berichtet die Legende, aus seinen langen Haaren. Aber das wußte natürlich nur er. Und es blieb sein Geheimnis, zunächst jedenfalls.

Neben der Beseitigung von Feinden widmete Samson sich am liebsten den Frauen. In seiner Ehe hatte er nicht viel Glück. Er hatte eine Frau aus dem Volk der Philister geheiratet. Aber schon nach zehn Tagen machte er sich in dem Ort, in dem sie gemeinsam leben wollten, so viele Feinde, daß die Familie seiner Frau es mit der Angst bekam. Als er nach einer längeren Tour wieder einmal nach Hause kam, stand da sein Schwiegervater vor der Tür und machte ihm deutlich, er dürfe das Haus nicht mehr betreten. Seine Frau habe jetzt einen anderen Mann zu sich genommen. Aber Samson könne zur jüngeren Schwester seiner Frau gehen. Jeder andere Mann hätte sich wohl gefreut, wenn er eine andere und dazu noch jüngere Frau angeboten bekommen hätte, nicht aber Samson. Er fühlte sich in seiner Ehre verletzt. Er schwor dem Ort Rache.

Er kannte vom Herumstromern alle Fuchsbauten in der Umgebung. Mit Fallen, Stricken und Säcken zog er nun los und hatte auch bald 300 Tiere gefangen. Damit ging er an einen freien Platz, der zwischen den reifen Weizenfeldern lag. Ein Großteil des Getreides war bereits gemäht und gebunden und stand in Hocken auf dem Feld. Samson band immer zwei Tiere an den Schwänzen zusammen und hielt dann eine Fackel drunter. Natürlich brannten die Schwänze wie Lunten; bald waren die Bastfäden durchgebrannt, oder die Tiere hatten sie vor Schmerz zerrissen. Mit ihren brennenden Schwänzen rannten die Füchse nun in das reife Getreide und in die Garben, und bald stand überall der Weizen in Flammen. Bevor die Philister die Situation erkannten, hatte Samson ihre gesamte Ernte vernichtet. Da der Wind ungünstig stand, brannten auch die Olivenbäume nieder, und die Weinberge verkohlten. Die Philister wollten sich nun ihrerseits an Samson rächen und brannten das Haus nieder, in dem Samsons Frau wohnte. Samson rächte diese Tat, indem er weitere Philister erschlug. So ging das Drama von Gewalt und Rache weiter. Doch niemand konnte Samson schaden, solange er das Geheimnis seiner Stärke nicht verriet.

Wie die meisten Männer dachte Samson, wenn es um Frauen ging, sehr einfach. Wenn er eine bestimmte Zeit nicht mit einer Frau zusammen gewesen war, begann sich sein Denken nur darauf zu konzentrieren. Bald konnte er an nichts anderes mehr denken. Sein Verstand schaltete sich gewissermaßen aus. Denn da er keine Ehefrau mehr hatte, zu der er in die Schlafkammer gehen konnte, er aber eine Frau haben mußte, um wieder sein seelisches Gleichgewicht zu erlangen, ging er zu Huren. Eine von ihnen hieß Dalila. Die wurde ihm zum Verhängnis. Er sah sie an und verliebte sich in sie mit einer Leidenschaft, die ihn alle Gefahren um ihn herum vergessen ließ. Dalila nahm ihn auf in ihren Schoß, und Samson blieb längere Zeit bei ihr, genoß die Freuden der irdischen Liebe. Als sich herumgesprochen hatte, daß Samson bei Dalila aus- und einging, riefen die Stammesfürsten der Philister die Hure zu sich und boten ihr 1100 Silberlinge an, wenn sie herausbekommen könne, was die Quelle seiner ungeheuren Kraft sei und wie man diese Quelle zum Versiegen bringen könne. Der angebotene Betrag war für Dalila ein ungeheures Vermögen. Man erinnere sich: Jakobs Söhne hatten für ihren Bruder Joseph 30 Silberlinge bekommen. Sehr viel später bekam Judas für den Verrat an Jesus 30 Silberlinge. Dalila versprach alles zu versuchen. Sie bediente sich dabei des einfachsten Mittels: Mit weiblicher Klugheit hatte sie erkannt, daß sie diesem Mann nur ihre Liebe entziehen mußte, um ihn sich gefügig zu machen. Also ließ sie Samson zwar weiter bei sich wohnen, aber ihren wundervollen Körper mit den herrlichen Rundungen durfte er nicht einmal berühren. Versuchte er sich ihr in der Nacht zärtlich zu nähern, zischte sie ihn an und rollte sich so zusammen, daß nichts für ihn zu machen war. Erst wenn er ihr sagte, was die Quelle seiner Kraft sei, ließ sie ihn wissen, dürfe er wieder mit ihr die Liebe genießen. Als Samson in einer der nächsten Nächte in einem Zustand war, in dem ein Mann kaum noch Herr seines Verstandes ist, weil sich alles auf die Mitte des Körpers konzentriert, in solch einer Nacht fragte Dalila wieder: »Sag mir doch, worin deine große Kraft sei und womit man dich binden möge, daß man dich bezwinge!« Doch so benebelt war Samson noch nicht, daß er die Gefahr nicht erkannt hätte. So antwortete er, würde man ihn mit sieben Stricken von frischem Bast, der noch nicht vertrocknet ist, binden, hätte er nur die Kraft eines gewöhnlichen Mannes. Da ließ Dalila ihn zu sich. Am Tage ging sie zu einem der Philisterfürsten und berichtete ihm von Samson. In der darauffolgenden Nacht versteckte der Fürst so viele Soldaten wie möglich in Dalilas Schlafkammer. Die Hure tat mit Samson wie in der Nacht zuvor. Schließlich sank der Held auf sein Lager und schlief auch sofort ein. Dalila erhob sich leise, holte die sieben

Seile, die der Fürst ihr gegeben hatte, und band damit dem Mann sorgfältig Hände und Füße zusammen. Als alles zu ihrer Zufriedenheit geschehen war, holte sie die Soldaten aus den Verstecken. Die umstanden nun das Lager und griffen nach ihm.

Dalila aber rief: »Samson, Philister über dir!« Der Held erwachte, nahm die Situation wahr, zerriß die Seile, als wären es Wollfäden, sprang auf und schlug die Soldaten zusammen. Anschließend warf er sie aus dem Fenster. Dann widmete er sich Dalila, die etwas verängstigt in der Ecke des Schlafzimmers stand. So hatte sie diesen Mann noch nie erlebt! Aber Samson griff sie, hob sie auf seine Arme, trug sie zum Lager und schob sich zwischen ihre Schenkel. Das war seine Art, mit Problemen fertig zu werden.

Dalila fühlte sich in ihrer Ehre gekränkt, weil Samson sie hereingelegt hatte. Glaubte sie doch, die Männer zu kennen und auch mit diesem Mann leichtes Spiel zu haben. So verweigerte sie sich in den nächsten Tagen wieder dem Helden. Sie konnte darauf warten, daß er bald wieder keinen anderen Gedanken hatte als den, bei ihr zu liegen. Und sie bekam Recht: Alle Erfahrungen, die er in der vergangenen Zeit gemacht hatte, alle Bedenken traten zurück hinter den Wunsch, wieder bei dieser überaus begehrenswerten Frau zu liegen. Als ihm Dalila deshalb in einer der nächsten Nächte versprach, es könne alles wieder werden wie in ihrer ersten Zeit, wenn er ihr nur verriete, was die Quelle seiner Kraft sei, antwortete er: »Wenn mich die Philister bänden mit neuen Seilen, mit denen noch keine Arbeit getan wurde, würde ich schwach wie jeder andere Mensch.« Dalila war zufrieden – und Samson war es wenig später auch. Am Morgen lief die Frau wieder zum Philisterfürsten und offenbarte Samsons Geheimnis. Der Fürst ließ auch sogleich unter seiner Aufsicht neue Stricke anfertigen, die er der Hure eigenhändig überreichte, um ganz sicher zu gehen, daß nichts mit diesen Fesseln geschah. Die Frau tat sie auf den Boden ihres Einkaufskorbes, legte die Früchte vom Markt darauf und versteckte sie in ihrem Schlafzimmer. Als der Tag dunkelte, kamen wieder die Elite-Soldaten des Fürsten und versteckten sich hinter den Vorhängen des Schlaflagers. Als sie endlich mit Samson nach oben ging, hätte der Mann von den vorhergehenden Ereignissen gewarnt sein müssen. Aber er dachte nicht daran. Er wollte so schnell wie möglich zum Ziel kommen. Aus einem ganz anderen Grund wollte Dalila das auch. Sie warfen ihre Kleidung auf den Boden und wurden zu einem lebenden Knäuel.

Bald darauf schlief Samson tief und fest neben ihr ein. Die Frau stand auf und band den starken Mann am Bett so fest, daß ihrer Meinung nach auch der stärkste Mann nicht von allein freikam. Als sie ihr Werk vollendet hatte, rief sie die Soldaten hervor. Die prüften noch einmal die Knoten und meinten einhellig, besser hätten sie es auch nicht gekonnt. Dalila, ihrer Sache sicher, rief: »Philister über dir, Samson!« Die Soldaten standen mit ihren Waffen um ihn herum, um ihn zu greifen. Samson aber öffnete langsam die Augen, erkannte blitzschnell die Situation, zerriß die Fesseln wie Spinnweben und schlug die Soldaten trotz ihrer gezogenen Waffen zusammen. Anschließend warf er sie aus dem Fenster oder die Treppe hinunter, widmete sich noch einmal der Frau, die verängstigt im Raum stand und schlief dann weiter.

Dalila stand nun aber unter Erfolgszwang; denn die Philisterfürsten verdächtigten sie, gemeinsame Sache mit Samson zu machen und sie zu verhöhnen. Sie bediente sich erneut der bisherigen Taktik, die Lust in Samson aufzustauen, bis er an nichts anderes mehr denken konnte und dann ihrem Willen gehorchte. Diesmal ließ sie ihn besonders lange zappeln. Er versprach, ihr sein Geheimnis zu verraten, intuitiv spürte sie aber, er werde sie wieder hinter's Licht führen. Als sie den Eindruck hatte, jetzt werde er wirklich die Wahrheit sagen, versprach sie ihm eine leidenschaftliche und wunderbare Nacht. Samson sagte schließlich: »Wenn du die sieben Locken meines Hauptes zusammenflöchtest mit einem Gewebe und heftetest sie mit einem Nagel an die Wand, dann wäre ich schwach.« Mit dem Hinweis auf die Locken seiner Haare kam er der Wahrheit schon sehr viel näher.

Dalila blieb gar nichts anderes übrig, als zu testen, ob der Mann diesmal die Wahrheit gesagt hatte. In der kommenden Nacht band sie die sieben Locken seiner langen Haare zusammen und befestigte sie mit einem Nagel an der Wand. Diesmal ließ sie erst einmal die

Männer im Versteck. Sie rief: »Philister über dir, Samson!« Der Mann wachte auf, hob den Kopf, um sich umzusehen, zog dabei den Nagel mit seinen Haaren aus der Wand und widmete sich anschließend den Reizen der Frau neben ihm, die einen so vollendeten Leib und eine so falsche Zunge hatte. Die Soldaten der Philister aber mußten noch einmal mit ansehen und -hören, was dieser gewaltige Kerl mit der zauberhaften Frau trieb. Sie wollte ihn dem Tod überliefern, gewiß, aber das vergaß der Held manchmal. Wir sagten es bereits: Sein Gehirn war sehr einfach entwickelt. Als Samson wieder tief und fest schlief, schlichen die Soldaten davon und berichteten ihrem Fürsten, was sie gehört und gesehen hatten.

Dalila aber quälte ihren Liebhaber weiter mit der Frage, wo die Quelle seiner Kraft zu finden sei. Und Samson, der doch schon dreimal erfahren hatte, daß ihn diese Frau verraten und an die Philister ausliefern wollte, dieser Samson war bald wieder so von dieser Frau fasziniert, daß ihm die Gefahr geringer erschien als ihre Verweigerung. Er hätte zu einer anderen gehen können, es gab derer in dieser Stadt genug, aber die Leidenschaft betäubte seine Sinne so sehr, daß er gar nicht mehr auf einen solchen Gedanken kam. Er sah Dalila und sie erregte ihn. Er versuchte immer wieder, sich ihr zu nähern, in der Hoffnung, sie werde nachgeben und ihm ihren Leib zu seiner Lust schenken. Aber sie verweigerte sich: »Dreimal hast du mich belogen, Samson, ein viertes mal legst du mich nicht herein.« Und obgleich er wußte, was kommen würde, antwortete er in einer Nacht, in der ihn seine Lust bis auf den Tod quälte: »Es ist kein Schermesser bisher auf mein Haupt gekommen. Wenn man mich schöre, so wiche meine Kraft von mir, daß ich schwach würde wie alle Menschen.« Dalila glaubte diesmal, ganz sicher zu sein. Sie ließ dem Stammesfürsten der Philister mitteilen: »Diesmal werden wir ihn ganz bestimmt bekommen. Bringt gleich die Belohnung mit.« Da kamen die Philisterfürsten, zeigten der Frau das Geld und versteckten sich selbst im Schlafraum hinter den Vorhängen. Sie sahen zu, wie beide ihre Kleidung zu Boden fallen ließen. Sie gewahrten die beiden vollendeten Körper und sahen ihrem Liebesspiel zu. Und als wüßte Samson, daß es zum letztenmal geschah, kostete er alle Möglichkeiten aus, die er im Liebesspiel mit dieser Frau kannte. Die Fürsten, auch wenn sie dem Manne feindlich gesonnen waren, kamen nicht umhin, ihn in seiner Kraft und Phantasie zu bewundern. Sie sahen die Hohe Schule der Liebeskunst. Schließlich glitt Samson vom Leib der Frau und schlief ein. Dalila aber gab flüsternd Anweisungen, dem Riesen die lockigen Haare abzuschneiden. Ein Offizier verließ das Versteck und tat mit zitternden Händen, was zu tun war. Als der Kopf des Riesen deutlich von der üppigen Pracht der Haare verloren hatte, versteckte sich der Philister wieder und Dalila rief: »Philister über dir, Samson!« Samson erwachte, streckte, sich seiner Kraft bewußt, seine Glieder, spürte aber plötzlich, daß er nicht mehr Kraft hatte als jeder normale Mann. Da stürzten

sich die Philister auf ihn. Sie banden ihm Hände und Füße zusammen. Sie hielten ihn fest an der Schulter und am Kopf, und mit einem glühenden Spieß stachen sie ihm die Augen aus. Mit Eisenketten gefesselt schleppten sie ihn in ein Verließ, wo er mit Peitschen getrieben wurde, das Mühlrad zu drehen. So hatte die Leidenschaft zu dieser Frau Samsons Leben zerstört, und auch die spätere Rache an den Philistern konnte daran nichts ändern.
Das Buch der Richter, Kap. 13-16

Samson und Dalila, Gustave Doré

Ruth und Boas

Ruth wurde im Lande Moab geboren. Dort lernte sie einen Israeliter kennen, der vor Jahren mit seiner Mutter Naemi hierher eingewandert war und sie heiratete. Als dieser Mann in jungen Jahren starb, wollte seine Mutter wieder zurück in ihre Heimat Israel. Sie nahm schweren Herzens Abschied von der ihr lieb gewordenen Schwiegertochter. Die aber sagte, sie komme mit nach Israel: »Wo du hingehst, da gehe auch ich hin, und wo du bist, da will auch ich sein.« So zogen denn die beiden nach Bethlehem und lebten als Witwen zusammen, und sie waren so arm, daß Ruth zur Getreideernte auf das Feld eines reichen Bauern gehen mußte, um dafür etwas Getreide zum Essen zu bekommen. Wenn Ruth auf das Feld ging, hatte sie sich hinter den Schnittern und den Mädchen einzuordnen, die nach dem Binden der Garben die zur Seite gefallenen Ähren sammelten und bündelten. So blieb ihr nur sehr wenig Getreide. Das änderte sich bald mit der Ankunft des Bauern, der die Arbeit beaufsichtigte. Er sah die fremde und exotisch schöne Moabiterin und erkundigte sich nach ihr. Die Arbeiter berichteten, was sie von ihr wußten. Dem Bauern gefiel die schlanke, große Frau mit dem langen dunklen Haar und den traurigen großen Augen ausnehmend gut, nicht nur ihrer Schönheit, sondern mehr und mehr auch ihrer zurückhaltenden bescheidenen Art wegen. Er gab Anweisung, sie in einer Reihe mit den Mädchen gehen zu lassen, die unmittelbar hinter den Bindern sammelten. Für sie bedeutete das ein Vielfaches des bisherigen Ertrages und damit auch ein Vielfaches ihres Lohnes.

In der Arbeitspause setzten sich Frauen und Männer getrennt im Kreis zusammen. Sie packten aus, was sie von zuhause mitgebracht hatten. Sie aßen und tranken und erzählten miteinander.

Ruth aber saß allein da. Sie verstand auch nur schlecht die Sprache der anderen. Ihr Mann und ihre Schwiegermutter hatten mit ihr in ihrer Heimatsprache gesprochen. Sie konnte bisher nur ein paar Worte Hebräisch. Und wenn die anderen plapperten und Witze machten und sich darüber vor Lachen ausschütteten, verstand sie nicht. Sie holte einen kleinen Brotfladen heraus, trank aus ihrem Wasserkrug und sah in die Ferne, wo ihre Heimat lag. Da setzte sich der Bauer zu ihr. Er legte vor sie frische Brotfladen und Früchte, er stellte Wein und klares, kaltes Wasser hin, er sprach einfache Sätze und dies sehr langsam, damit sie wenigstens einen Teil davon verstand. Er fragte sie nach ihrer Herkunft, und Ruth erzählte von ihrer Witwenschaft, von ihrer Schwiegermutter, von ihrem Weg. Boas hörte aufmerksam zu und schaute dieser Frau gern ins Gesicht, und sie verhielt sich ihm gegenüber so, daß er immer größere Sympathie für sie empfand. Auch Ruth sah Boas immer aufmerksamer an. Sie mochte ihn in seiner schlichten und freundlichen Art. Die anderen sahen zu ihnen herüber und tuschelten, aber das war den beiden gleich; vielleicht merkten sie es nicht einmal, so vertieft waren sie in ihre gegenseitige Zuneigung.

Am Abend brachte die junge Moabiterin sehr viel mehr Getreide heim, als sich die beiden je erträumt hatten. Der Bauer hatte ihr noch einen Tonkrug mit Öl zugesteckt. Die beiden Frauen schoben das Getreide in einen Sack und schlugen mit einem Knüppel die Körner aus den Ähren. Danach zogen sie das Stroh aus dem Sack und schütteten das Korn auf ein großes Tuch. Sie faßten jeder zwei Ecken des Tuches an und brachten das Korn mit der Spreu zum Hochfliegen. Der Wind blies die Spreu fort, das Korn fiel zurück in das Tuch. Dieses Getreide mahlten sie mit einem Rundstein, und buken ihre Fladen in dem Öl.

Bei der Arbeit erzählte Ruth von ihrer Begegnung mit dem reichen Bauern. Die Schwiegermutter hörte aufmerksam zu. Sie erkannte sehr schnell, daß sich da etwas zwischen Ruth und Boas anbahnte, für alle, auch für sie, sicher etwas Schönes. Denn eine Frau war nur etwas durch ihren Mann, und eine Ausländische galt überhaupt nichts, sie hatte keinerlei Rechte. So erzählte sie Ruth, sie und Boas seien weitläufig miteinander verwandt. Er suchte schon lange eine Frau, habe bisher aber noch nichts Rechtes gefunden. Er habe auch ganz bestimmte Vorstellungen von seiner Frau und meinte, lieber lebe er weiter allein, als daß eine Frau in die Wirtschaft komme, die nicht seinen Vorstellungen entspreche. Manche junge Frau hatte sich ihm angeboten, er war ja eine gute Partie, und er sah auch gut aus, aber er hatte sie abgelehnt. Seine Zuneigung zu Ruth sah die alte Frau deshalb als hoffnungsvolles Zeichen, die junge Witwe zu verheiraten.

So ging Ruth in den nächsten Tagen wieder zur Weizen- und auch zur Gerstenernte, und Boas nutzte jede Gelegenheit, sie zu sehen und mit ihr zu sprechen. Mehr und mehr verdichtete sich auch in seinem Kopf der Gedanke, mit dieser Frau zusammen zu leben. Da er aber schon in einem Alter war, wo man sich nicht kopfüber in eine Ehe stürzt, und da er zudem wohl auch etwas schüchtern war, mußte die Initiative von der Frau ausgehen. Die Schwiegermutter erkannte das und entwickelte einen Plan.

Als die Getreideernte auf dem Feld vorüber war und der Drusch in der Tenne geschah, beobachtete sie, daß Boas zu später Stunde seine Arbeiter zum Schlafen nach Hause schickte, selbst aber allein mit dem Dreschflegel hantierte und das Getreide worfelte, bis er völlig erschöpft umfiel und gleich in der Scheune schlief, bis die Arbeiter in der Frühe des kommenden Tages wieder eintrafen und mit ihm weiterwerkten.

Da gab sie Ruth den Rat, sich zu baden, mit duftender Creme einzusalben und ein frisches Kleid anzuziehen. Als dies alles geschehen war und Ruth exotisch schön und duftend vor ihr stand, sagte sie: »Nun geh zur Scheune, und wenn er sich zum Schlafen hinlegt, leg dich einfach zu ihm und tu, was er von die verlangt!« Ruth war schon einmal verheiratet, sie wußte, was das bedeutete. Und sie wußte auch um die Gefahr: Der Mann konnte sie wie eine Hure behandeln, wenn sie sich so ohne weiteres zu ihm legte. Er konnte seine Gelüste in ihr stillen, sie bestenfalls beschenken und dann wieder fortschicken, ohne daß er irgendwelche Verpflichtungen hatte. Selbst wenn er sie schwängerte, war sie dafür allein verantwortlich und konnte sogar mit dem Tode bestraft werden. Aber Ruth vertraute dem Instinkt und der Menschenkenntnis ihrer Schwiegermutter, und sie vertraute auch dem, was sie bisher von dem jungen Bauern wußte.

Sie machte sich auf den Weg und fand alles so, wie es Naemi gesagt hatte: Boas worfelte allein auf der Tenne. Hoch warf er das Getreide, und die Spreu verteilte sich bis zum Scheunentor hin, je nach der Windstärke, die der Abend mitgebracht hatte. In der Mitte der Tenne lag glänzend der Weizenberg. Ruth sah alles und fröstelte. Es war ganz sicher der frische Nachtwind, der durch ihre ausgesucht dünne Kleidung bis auf die Haut drang. Es war aber auch Furcht vor der Ungewißheit dieser Nacht, da sich viel für ihr Leben entscheiden würde.

Sie beobachtete den kraftvollen Mann in allen Bewegungen und versuchte, sich vorzustellen, wie er sei, wenn sie unter der Decke lägen. Die Vorstellung beunruhigte und erregte sie in gleicher Weise. Schließlich war sie noch nicht dreißig Jahre alt und hatte lange keinen Mann gehabt. Gegen Mitternacht warf Boas die Holzschaufel auf den Getreidehaufen, wusch über einer Wassertonne den Staub von Gesicht und Oberkörper, schloß die Scheunenflügel, löschte das Licht und legte sich in einer Nische der Scheune unter eine breite Wolldecke.

Ruth hörte sehr bald seine regelmäßigen Atemzüge. Da schlich sie leise in die Scheune, hob die Decke an den Füßen an und legte sich dort nieder. Dabei schlug ihr Herz so stark, daß sie glaubte, ihr Herzschlag allein werde den Mann wecken. Aber der Mann erwachte durch die Kälte an seinen Füßen, und hellwach wurde er vom Duft ihres Körpers. Er faßte zu seinen Füßen hin und ertastete den weichen Körper der Frau. Flüsternd begehrte er zu wissen, wer da auf sein Lager gekommen war und sich ihm anbot. Ruth gab sich zu erkennen. Nun schlug auch dem Mann das Herz schneller. Denn spätestens jetzt wurde ihm bewußt, daß er diese Frau liebte und begehrte. »Komm, leg dich neben mich!« flüsterte er, und die Frau tat es ohne ein Wort.

Der junge Bauer überlegte, was zu tun sei. Er war ein junger Mann, er hatte sich von Zeit zu Zeit, als sie auf dem Feld zusammensaßen, vorzustellen versucht, wie ihr Leib unter den Kleidern aussehen würde. Solche Gedanken erregten seine Wünsche. Als Ruth nun so im dünnen Gewand neben ihm lag, konnte er nicht verhindern, daß diese Wünsche in ihm wieder groß wurden. Er spürte ihren Körper, der sich in wilder Entschlossenheit an ihn drängte, aber er bekämpfte die Lust in seinem Leib. Er bekannte ihr flüsternd seine Liebe, ja, er wollte sie gern heiraten. Bis dahin sollten sie warten, er werde so schnell wie nur möglich alle notwendigen Schritte tun. Sie schmiegten sich aneinander, er streichelte ihren Körper und freute sich am Duft ihres Leibes. Dann aber bat er sie, im Morgengrauen nach Hause zu gehen, damit es kein Gerede im Ort gebe und die Frau vielleicht in einen schlechten Ruf käme. Ihre gesamte Autorität als spätere Bäuerin könne dann Schaden nehmen.

So blieb Ruth drei oder vier Stunden neben dem Mann liegen, und es geschah nicht mehr, als daß sie miteinander flüsterten und sich von Zeit zu Zeit wie zufällig berührten. Als es noch dunkel war, erhoben sich beide. Boas füllte ihren Mantel mit dem geworfelten Getreide und öffnete den Flügel des Scheunentores. Sie nahmen Abschied voneinander, als wären sie seit langem einander vertraut, mit dem Versprechen, sich so bald als möglich wiederzusehen.

An diesem Tag noch ließ der Bauer seine Arbeiter allein in der Tenne und regelte ohne Verzug alle rechtlichen Angelegenheiten. Nach kürzester Zeit heiratete er die junge, wunderschöne Witwe. Am Abend des ersten Hochzeitstages, an dem traditionsgemäß der ganze Ort

teilnahm, führte Ruths Schwiegermutter die junge Frau mit allen guten Wünschen in das Schlafgemach des jungen Mannes. Und sie erkannten einander zum erstenmal, und sie genossen die Wonnen der Liebe, und sie taten es in der kommenden Zeit, so oft sie wollten. Und Ruth wurde schwanger und gebar ihrem Mann Boas einen Sohn. Und sie lebten bis an ihr Ende glücklich und zufrieden miteinander. Auch solch eine Liebe gibt es.
Das Buch Ruth

Boas sieht Ruth auf dem Feld, Julius Schnorr von Carolsfeld

David und Bathseba

Gegen Abend erhob sich König David von seinem Lager und stieg auf das Flachdach seines Palastes, um die Abendluft zu genießen und seine Blicke in die Umgebung streifen zu lassen. Da gewahrte er ein Stück von seinem Schloß entfernt auf einem etwas niedrigeren Flachdach eine nack-te Frau. Die Frau hatte sich von ihrer Dienerschaft eine Wanne herauftragen und mit Wasser füllen lassen und badete. Nur zwei Dienerinnen standen bei ihr. Herrlich hob sich ihr junger üppiger Leib gegen den hellen Horizont ab. Der König genoß die Flut ihrer langen, glänzend schwarzen Haare, die Neigung ihres weißen Halses, die etwas abfallenden Brüste, die Linie ihres Rückens, den Schwung ihrer Hüften, die langen und kräftigen Beine.

Da regte sich in ihm das Begehren. Er hatte in seinem Harem fast tausend Frauen, doch mit zunehmendem Alter brauchte er immer Neues, Begehrenswerteres, um seine Manneskraft zu wecken. Und beim Anblick dieser Frau spürte er sehr deutlich unter dem Gewand sein Begehren. Er rief seinen vertrautesten Diener, der holte Erkundigungen über die Frau ein und kam bald mit der Auskunft zurück, es handele sich um Bathseba, die einzige Ehefrau Urias. Uria aber war Offizier im Heer des Königs, das gerade im Kampf mit den Ammonitern stand. Als David noch jünger war, zog er an der Spitze seines Heeres in die Schlachten. Seine Mitkämpfer sahen auf ihn und gewannen dadurch Mut. Mit zunehmendem Alter blieb der König aber zu Hause.

Als David nun hörte, daß Bathseba allein in ihrem Hause lebte, und ihr Mann in dieser Nacht ganz bestimmt nicht nach Hause kommen würde, ließ er sie durch einen Diener zu sich rufen. Ein wundervolles Essen stand bei der Ankunft der Frau bereit. David sang und spielte immer noch betörend schön die klassischen Liebeslieder der Juden. In seiner Begeisterung erfand er auch neue Liebeslieder. Der süße Wein ließ alle Vorbehalte mit den Kleidern fallen. David genoß mit ihr lange nicht gefühlte Lust. Die Frau aber gab sich ihm ohne Bedenken hin; schließlich war er der König. Ein König aber konnte in den Ländern, die um Israel lagen, tun, was ihm beliebte. Er war niemandem Rechenschaft schuldig. In Israel geschah es wiederholt, daß die Propheten Gottes dazwischengingen. Daran dachten David und Bathseba in jener Nacht aber nicht. Bathseba dachte wohl kurz an ihren Mann. Der war ein Kämpfer wie David, aber er konnte keine Lieder singen, keine betörende Worte in ihr Ohr flüstern, nicht so zart ihren Leib streicheln. Und vor allem: Er war zwar Hauptmann, aber kein

König. David sog den Duft ihres Leibes ein. Er nahm sie auf seine Arme und trug sie zum Lager, das mit wohlriechenden Kräutern bestreut war und ihre Sinne umnebelte. Sie genossen die Freuden der Liebe. Bathseba war eine junge Frau, und ihr Mann stand lange Zeit schon im Feld. David fühlte sich wieder als junger, kraftvoller Mann. Am nächsten Morgen entließ der König die schöne und begehrenswerte Frau mit reichen Geschenken. Damit war die Affäre für ihn erledigt. Stand er wieder einmal auf dem Flachdach seines Palastes, sah er zu ihrem Dach hinüber, und saß sie dort, winkten sie sich zu. Gerade die Einmaligkeit machte ihm diesen Abend so kostbar. Und da wohnten ja noch viele hundert Frauen im Schloß, die es sich zur Ehre anrechneten, den König in allen Dingen zufriedenzustellen.

Aber bis in die Tiefe seines Herzens erschrak er, als die Frau ihm mitteilen ließ, der König habe sie in jener Nacht geschwängert. Das durfte bei allen Frauen im Schloß geschehen, die ihm gehörten, nicht aber bei Bathseba, die seinem Hauptmann gehörte. Nach dem Gesetz der Juden stand auf außerehelichen Verkehr die Todesstrafe durch Steinigung. Um sich selbst hatte er am wenigsten Sorge. Er war der König, an ihn würde sich kaum jemand heranwagen. Aber der Frau konnte ohne weiteres nachgewiesen werden, daß sie eine Ehebrecherin war; ihr Mann stand ja bereits seit Monaten im Feld, und wie es aussah, würde er vorläufig nicht zurückkommen. David hätte das Recht aller orientalischen Herrscher für sich in Anspruch nehmen können: Ich bin König von Gottes Gnaden, vielleicht gar: Ich bin Gott selbst oder Gottes Sohn. So taten es die Könige bei den Völkern ringsum. Das bedeutete auch: Ich bestimme, was Recht und Unrecht ist. Er hätte also einfach Bathseba in seinen Harem nehmen können, ohne daß der Offizier sich hätte wehren dürfen. Aber David wußte Gott immer über sich und maß sich nicht an, sich an seine Stelle zu setzen oder die von Mose überlieferten Gesetze abzuschaffen. So ersann er eine List.

Er schickte einen Kurier in das Lager der Israeliten mit dem Befehl, Hauptmann Uria solle in die Hauptstadt kommen und dem König Bericht erstatten. Er rechnete fest damit, Uria werde anschließend zu seiner Frau gehen, da sie beide einander so lange Zeit entbehrt hatten. Als der Hauptmann die Botschaft seines Königs empfangen hatte, sprang er auch sogleich auf sein Pferd und folgte dem Boten. Die Belagerung der Ammoniter dauerte schon geraume Zeit, und wie es aussah, würde sie noch eine ganze Weile dauern. Also konnte er getrost zum König eilen und Bericht über die aktuelle Lage erstatten. Es gab kaum Neues. David hörte gelangweilt zu, wie der Offizier etwas umständlich berichtete. Dann bedankte er sich und entließ Uria. Jetzt sollte ja geschehen, womit der König fest rechnete. Aber der Soldat ging nicht zu seiner Frau. Er erbat sich ein Lager bei der Palastwache und schlief vor der Tür des Königshauses ein. Als der König am folgenden Morgen durch seine

Räume ging, gewahrte er dort den Mann. Er weckte ihn und fragte sehr verwundert, warum er nicht zu seiner Frau gegangen sei und bei ihr übernachtet habe. So etwas sei doch das Natürlichste der Welt. Uria antwortete, er könne das nicht tun, solange seine Kameraden auf dem Schlachtfeld ständen und die Bundeslade in einem Zelt im Lager stehe. Die Bundeslade war das sichere Zeichen dafür, daß Gott mitten unter seinen Soldaten weilte und damit den Sieg garantierte. David ließ den Hauptmann gehen, befahl ihn aber abends zum Essen zu sich. Vielleicht, so dachte der König, wird Uria nun die Gelegenheit nutzen und seine Frau besuchen, und die wird schon alles Mögliche tun, um ihm ihre Schwangerschaft zu verdanken. Aber der Mann inspizierte die Kasernen und Gestüte, er ging zu den Waffenschmieden, um nach neuem Material zu schauen. Er sprach mit dem Militärkommando, das neben dem Schloß amtierte. Zu seiner Frau ging er aber nicht. Am Abend erschien er pünktlich zum Tisch des Königs, verhielt sich korrekt, aß und trank, wie es der König wollte. Als der ihn fragte, wie es seiner Frau gehe, antwortete er, das könne er nicht sagen, er sei auch an diesem Tag nicht bei ihr gewesen. David hatte die Diener angewiesen, Obacht auf den Offizier zu haben und den Becher immer neu mit Wein zu füllen. Der Wein war süß und machte schnell trunken. Als die Tafel schließlich aufgehoben wurde, hatte Uria erhebliche Mühe, einigermaßen ordentlich vom König fortzukommen. Aber er hielt seinen Verstand noch so klar, daß er wieder nicht zu Bathseba ging, wie der König es erhofft hatte. Er schlief bei den Soldaten der Palastwache auf einer Pritsche. Da sah David keinen anderen Weg mehr. Am nächsten Morgen ließ er den Offizier rufen, verabschiedete ihn und gab ihm einen versiegelten Brief an den Feldherrn Joab mit, den unmittelbaren Vorgesetzten des Hauptmanns. In diesem Brief schrieb David: »Wenn ihr die Stadt erstürmt, stellt Uria im Kampf dorthin, wo es am gefährlichsten ist. Dann zieht euch vor ihm zurück, damit er erschlagen wird und stirbt.« Uria küßte den versiegelten Brief, verneigte sich tief vor seinem König, sprang auf sein Pferd und ritt ins Feldlager zurück.

Joab war es gewohnt zu gehorchen. Er ordnete an, die Stadt zu stürmen. Dazu mußte erst die große Stadtmauer überwunden werden. Oben standen die Verteidiger mit kochendem Pech, mit großen Steinen, mit Keulen, Bögen, Schwertern und Messern. Uria stand ganz vorn mit seinen Männern. Mit Sturmleitern wollten sie nach oben klettern. Die Verteidiger warfen vom Rand aus Felsbrocken und Pech auf die Angreifer. Uria merkte zu spät, daß er plötzlich allein auf seiner Leiter stand und sich alle Kampfhandlungen der Ammoniter auf ihn konzentrierten. Er sah nur nach oben. Ihn traf ein Mühlstein, den eine Frau über die Befestigungsmauer gerollt hatte.

Als Bathseba mitgeteilt wurde, ihr Mann sei im Feld gefallen, legte sie Trauerkleidung an. Aber sie trug diese Kleidung keinen Tag länger als vorgeschrieben. Ihr Leib begann sich bereits deutlich zu wölben, als sie der König in seinem Palast zu seiner Lieblingsfrau machte.

Natürlich wurde über diese Geschichte geredet. Ein Schloß hat viele Ohren, und die Diener waren sehr viel geschwätziger als der König annahm. Aber er war der König! Er konnte tun und lassen, was er wollte. Sollte doch erst jemand kommen und versuchen ihm zu widerstehen! Dem würde er es schon zeigen. So dachte König David. Bis der Prophet Nathan kam.

Nathan gehörte zu den Propheten, die auf keinen Herrscher hörten, nur auf Gott. Er bekam den Auftrag, dem König sein Verbrechen – das war in diesem Fall Begehren, Ehebruch, Diebstahl, Mord in einem – vor Augen zu halten, auch auf die Gefahr hin, vom König ermordet zu werden.

Aber David beugte sich unter das Recht Gottes und damit dem Propheten: »Ich habe gesündigt vor dem Herrn.« Weil er seine Sünde bekannte, konnte Nathan ihm sagen: »Dann hat der Herr dir deine Sünde vergeben.«

2. Buch Samuel, 11

David sieht Bathseba beim Bade, Julius Schnorr von Carolsfeld

Amnon und Thamar

David hatte viele Kinder von vielen Frauen. Diese Halbgeschwister lebten zusammen am Hof ihres Vaters. Den Unterricht empfingen allerdings nur die Männer. Frauen galten als nicht bildungsfähig.

Bei den regelmäßigen Begegnungen der Geschwister geschah es, daß sich Amnon, einer von Davids Söhnen, in Thamar, eine der Prinzessinnen, verliebte. Sie war die Schwester von Absalom, der später seinen Vater vom Thron zu stürzen versuchte. Der junge Prinz versuchte sich dem Mädchen zu nähern, das damals vielleicht vierzehn Jahre alt war und noch nie einem Mann nahe gewesen war. Wenn er vor der jungen Frau stand und Anspielungen auf seine Liebe und eindeutige Bemerkungen zu seinem Begehren machte, senkte sie ihren Blick, verneigte sich vor dem Prinzen und lief mit schnellen Schritten auf die Mädchengruppe zu, die an der Seite stand und die Annäherungsversuche des jungen Mannes kichernd kommentierte.

Mit der Zeit begann Amnon sich zu grämen, so sehr, daß er fast krank wurde. Er nahm nur noch selten an den

Festgelagen seiner Brüder und Freunde teil, aß kaum noch und wurde deutlich magerer. Alle seine Gedanken begannen sich auf diese Frau zu konzentrieren. Er träumte von ihr, er überlegte Tag und Nacht, wie er sie auf sein Lager bekommen könne. Doch das erschien ihm völlig unmöglich. Die Mädchen wurden streng von den Männern getrennt, nur selten waren flüchtige Begegnungen wie die oben berichteten möglich.

Nun hatte Amnon einen guten Freund, der hieß Jonadab und war ein Sohn von Davids Bruder Schima. Jonadab war ein paar Jahre älter als sein Freund und im Umgang mit Frauen erfahren. Der sah, wie Amnon sich grämte. Er sah, daß er vor Kummer immer weniger aß. Jonadab fragte den Freund nach dem Grund, und der erzählte ihm, worum es ihm ging. Er meinte, das sei kein Problem und entwickelte einen bösen Plan.

Amnon legte sich ins Bett und war krank. Die Leibärzte des Königs kamen und untersuchten den jungen Prinzen. Da er deutlich abgemagert war, suchten sie nach der Ursache seiner Krankheit, fanden aber nichts. So berichteten sie dem König, unzweifelhaft habe der Prinz ein Leiden, aber bisher hätten sie noch keine Krankheitsursache gefunden. Der König ging nun selbst zu seinem Sohn und sprach mit ihm. Vor allem müsse er wieder ordentlich Nahrung zu sich nehmen, meinte er. Der Patient nickte. Er wolle es gern versuchen. Ob denn der König statt der Diener nicht seine Schwester Thamar schicken könne. Die solle vor seinen Augen das Essen zubereiten, und von ihrer Hand wolle er dann zu essen versuchen. Der König wunderte sich wohl über diesen eigenartigen Wunsch. Im Schloß gab es genug Köche, die sehr viel besser Essen zubereiteten als das junge Mädchen, das wohl noch nie am Herd gestanden hatte. Aber er wollte, daß sein Sohn schnell gesundete. Also gab er seiner Tochter den Auftrag, den Jungen in seinem Schlafraum zu besuchen und ihm das Essen zu bereiten. Das Mädchen nahm Mehl und Öl und Gewürze und eine Pfanne und trug alles auf einem Tablett in das Haus ihres Halbbruders.

Amnon lag auf dem Schlaflager, als sie hereinkam. Er stellte sich schwach und krank und stöhnte leise, als habe er Schmerzen. In seinem Körper aber loderte das Begehren. Das Mädchen knetete vor seinen Augen zwei kuchenähnliche Brotfladen und buk sie in dem Öl. Die beiden warmen Stücke schüttete sie von der Pfanne in eine Schale und hielt sie ihm hin. Amnon aber befahl seinen Sklaven und Dienern hinauszugehen. Er schloß selbst die Tür von innen zu, legte sich dann aufs Bett und stöhnte: »Komm her zu mir und füttere mich. Ich bin zu schwach, allein zu essen.« Als dann das Mädchen am Bett stand und ihm ein Stück des Kuchens zum Munde hielt, richtete sich Amnon blitzschnell auf und griff nach der Frau. Sie wollte zurückweichen, doch er hielt sie fest und bettelte: »Komm, leg dich neben mich. Ich möchte es so gern mit dir tun. Ich sterbe, wenn es nicht geschieht.« Aber das Mädchen sträubte sich: »Hier in

Israel darf man so etwas nicht tun. Auch wir im Schloß dürfen es nicht. Ich gerate in Schande, wenn etwas herauskommt, und du giltst als Ruchloser. Wenn du mich wirklich liebst, geh zum König und erbitte eine Sondergenehmigung zum Heiraten. Die wird er dir sicher nicht verweigern. Dann können wir es tun, wann immer uns danach ist.« Aber Amnon hörte nicht auf sie. Er riß sie auf sein Lager, er zog ihre Kleider bis zur Hüfte hoch, er drückte ihre Schultern fest auf die Kissen und tat, wonach ihn gelüstete.

Als er von ihr abließ und erschöpft neben ihr lag, sah das Mädchen keinen anderen Ausweg, als bei diesem Mann zu bleiben. Die Dienerschaft verriet – zunächst jedenfalls – nichts. Amnon stillte am Mädchen seine Lust, wann immer er wollte. Das Mädchen, einmal überwältigt, war immer für ihn da.

Vielleicht war das der Grund, warum ihm die junge Frau schneller als gedacht lästig wurde. So groß vorher sein Begehren nach ihr war, so stark wurde nun sein Widerwillen, ja, die Abneigung war noch stärker als vorher die Liebe. Eines Tages warf er dem Mädchen ihre Sachen an den Kopf und befahl: »Verschwinde von hier! Ich kann dich nicht mehr sehen!«

Thamar begann zu weinen. Dieses Unrecht, sagte sie, sei noch schlimmer als die Vergewaltigung. Doch er rief seine Diener und befahl ihnen, die Hure – so bezeichnete er sie nun – aus dem Haus zu werfen und sie nie wieder hereinzulassen. Als das Mädchen draußen stand, zerriß es sein Ärmelkleid – Zeichen der Trauer – streute Asche auf sein Haupt, bedeckte sein Gesicht mit den Händen und lief laut weinend über den Hof. So traf es seinen Bruder Absalom. Der ließ sich erzählen, was sich zugetragen hatte. »Weine hier nicht öffentlich«, sagte er dem Mädchen, »Du wirst deine Rache bekommen, das schwöre ich dir.« Er redete dem Mädchen gut zu, bis es sich beruhigt hatte.

Dann ging er zu seinem Vater David und berichtete ihm, was Schreckliches geschehen war. Der König wurde sehr zornig, aber er bestrafte seinen Sohn nicht; denn er hatte ihn sehr lieb, und er war der Älteste und würde wohl in Zukunft an seiner Stelle regieren. Absalom ging vom Thron fort und entwickelte einen unbändigen Haß auf den Halbbruder. Seit dieser Zeit sprach er nicht mehr mit Amnon, weder Gutes noch Böses. Er erwartete ungeduldig eine Möglichkeit, sich an diesem Verbrecher zu rächen.

Zwei Jahre mußte er sich gedulden. Dann hatte er eine Idee. Zu den großen gesellschaftlichen Ereignissen im Königshaus gehörte die Schafschur. Sie war so etwas wie bei anderen Völkern ein Turnier der Ritter. Es überbot einer den anderen an Schnelligkeit, Geschicklichkeit und Kraft. Da zeigten auch die Herren ihren Knechten, daß sie nicht nur dank ihrer Herkunft, sondern auch dank ihrer körperlichen und geistigen Begabungen berechtigt waren, die Führer zu sein – so wie Saul an der Spitze seines Heeres gekämpft hatte, so wie David allein gegen Goliath angetreten war und im eigentlichen Mannesalter immer in der ersten Reihe in der Schlachtformation gestanden hatte.

Absalom hatte eine große Farm in Baal-Haxor; dieser Ort liegt bei Ephraim. Als nun die Schur begann, erschien Absalom bei seinem Vater und lud den König ein, mit seinem Gefolge zum Fest der Schafschur zu ihm zu kommen. Der König lehnte ab. Er wolle dem Sohn keine Beschwerden machen, ließ er ihn wissen, das Scheren der vielen Tiere sei doch schon anstrengend genug. Doch Absalom blieb dabei: Wie beim Erntefest solle es jetzt ein Schafschurfest geben. Wenn der König mit seinen Ministern nicht kommen wolle – darauf hatte Absalom ja gehofft – solle er wenigstens alle jungen Prinzen schicken, ohne Ausnahme. Das konnte der König seinem Sohn Absalom kaum abschlagen. Er gab also Weisung, alle Prinzen hätten sich nach Baal-Haxor zu ihrem Bruder Absalom zu begeben und mit ihm zu feiern. Vielleicht hoffte er, das gespannte Verhältnis zwischen Absalom und Amnon könne endlich bereinigt werden.

Als der Tag des großen Festmahls kam, ließ Absalom alles wie zu einem Königsmahl herrichten. Seinen Sklaven aber sagte er: »Während der Feier werde ich euch ein Zeichen geben, und dann stürzt euch auf Amnon und tötet ihn. Ihr braucht keine Angst vor Strafe zu haben. Ich schwöre euch, daß ich jedem sagen werde, ich habe es euch befohlen, ihr mußtet es tun.« So geschah es. Absalom empfing alle seine Brüder mit großen Ehren, ließ köstliche Gerichte und feurigen Wein auftragen und feierte mit seinen Geschwistern. Auf dem Höhepunkt des Festes aber gab er ein Zeichen. Da stürzten sich die bewaffneten Sklaven auf Amnon und erstachen ihn.

Die anderen jungen Männer verließen fluchtartig das Haus, sprangen auf ihre Maultiere und jagten, so schnell sie konnten, zum König. Der hatte schon von der Bluttat in Absaloms Haus gehört, glaubte zunächst aber, alle seine Söhne seien ermordet worden. Erst später erfuhr er, daß Absalom nun endlich die Schandtat an seiner Schwester Thamar gerächt hatte. Er schwor sich, den Mörder zu bestrafen. Absalom aber ging für drei Jahre ins Ausland, bis der Zorn des Königs sich gelegt hatte, bis ihm vergeben wurde. Dann konnte er wieder an den Hof des Königs zurückkehren.
2. Buch Samuel 13

Amnon vergewaltigt Thamar, Kupferstich, Matthäus Merian, 1630

Absalom und die zehn Frauen

Eines Tages wurde offenbar, daß sich das Herz des König Davids so sehr gegen seinen Sohn Absalom gewandt hatte, daß der junge Prinz befürchten mußte, von seinem Vater getötet, mindestens aber auf viele Jahre gefangengesetzt zu werden. So hielt er sich möglichst in seinem Besitz in Baal-Haxor auf, wo er mit ergebenen Sklaven und Freunden lebte. Außerdem holte er sich nach und nach eine Leibgarde von etwa fünfzig gut trainierten Männern zusammen. So hatte es ja auch sein Vater in jungen Jahren gehalten, als König Saul ihn umbringen wollte. Er ließ ebenso Kampfwagen bauen und unterhielt auf Kampf dressierte Pferde für den Ernstfall.

So abgesichert, kam es ihm für sein Ziel darauf an, einen Teil des Volkes auf seine Seite zu bringen. Die beste Möglichkeit dafür ergab sich aus seiner Sicht bei den öffentlichen Gerichtsprozessen. Da saß der König in einem Sessel auf dem Marktplatz und sprach Recht in letzter Instanz. Aber jeder weiß, daß Recht oft etwas sehr Subjektives ist. Das empfinden mindestens diejenigen, denen das Recht nicht zugesprochen wurde. Und an die wandte sich Absalom. Mit allem anderen Volk stand er dabei, wenn die beiden Parteien ihre Argumente vortrugen. Wenn aber die Verlierer den Platz verließen, ging der Prinz ihnen nach, hörte noch einmal ihre Argumente und sagte dann: »Wenn ich König wäre in Israel, ich hätte dir rechtgegeben.« Nach und nach gewann er auf diese Weise die Sympathie vieler Menschen, die sich jetzt wünschten, dieser gerechte Prinz solle auch ihr guter König werden.

Vier Jahre handelte Absalom so, und bald war der große, schlanke Prinz mit den auffallend langen Haaren der Bevölkerung ein Begriff. Er stahl seinem Vater, dem König David, das Herz des Volkes. Als ihm die Zeit reif schien, seinen Vater zu stürzen, rief er seine Schutztruppe aus Baal-Haxor zu sich. Die jungen Männer dort hatten in den Jahren der Verborgenheit nicht nur ihre militärische Ausbildung vervollständigt, sie hatten auch weitere kampferprobte Männer angeworben und so eine Truppe von zweihundert entschlossenen Kämpfern geschaffen. Mit diesen Soldaten marschierte nun Absalom durch das Land und ließ sich unter dem Schall der Trompeten und der Widderhörner zum neuen König über Israel ausrufen. Den alten König David erreichte die Nachricht: Das ganze Volk steht hinter Absalom. Da sah er keine andere Möglichkeit als die Flucht aus Jerusalem. Mit den Getreuen seines Hofes und den meisten Frauen seines Harems verließ er die Stadt. Er verhüllte sein Haupt, weinte und ging barfuß über den Ölberg hinaus, ein geschlagener, gedemütigter alter Mann ohne Hoffnung. Lediglich ein paar Verräter und zehn Nebenfrauen blieben im Palast zurück; die Frauen sollten retten, was noch zu retten war.

Absalom aber zog triumphierend in Jerusalem ein, getragen auf einem großen Schild von seiner Garde, und der allergrößte Teil der Jerusalemer Bevölkerung jubelte ihm zu. Die Minister, die sich immer an den hielten, der gerade an der Macht war, kamen ihm entgegen und huldigten ihm kniefällig als dem neuen Herrscher über Israel. Der wichtigste von ihnen hieß Ahithophel. Auch er kniete vor Absalom. Der neue König war klug genug, es nicht mit diesen Füchsen zu verderben, vorläufig jedenfalls noch nicht. So fragte er Ahithophel, was jetzt als erstes zu tun sei. Der Minister antwortete, es komme jetzt darauf an, dem ganzen Volk von Jerusalem zu zeigen, wer der Herr dieses Landes sei. Er müßte deutlich zeigen, daß er der Herr des Palastes und auch des Harems sei. Der Harem war immer Zeichen des Reichtums und des Besitzes bei orientalischen Herrschern. Manche Frau wurde nie beschlafen. Sie wurde geheiratet, um ein Stück Land dazuzubekommen. Also gab Ahithophel den Rat: »Geh ein in die Nebenfrauen des Königs vor aller Augen, dann wird allen deutlich, daß du der Herr des Palastes und aller Menschen darin bist.«

So gab Absalom den Befehl, ein Lager auf dem niedrigeren Flachdach des Palastes zu errichten. Dort konnte man von allen Seiten gesehen werden. Herolde ritten durch die Stadt und verkündeten unter dem Schall der Trompeten mit lauter Stimme, der neu eingesetzte König Absalom werde am heutigen Abend allem Volk öffentlich zeigen, daß er nicht nur Herr dieses Landes und dieser Stadt, sondern auch der Herr des Palastes sei. Jeder könne sich selbst davon überzeugen, wenn der König vor aller Augen die Frauen des Harems in Besitz nahm.

Am Abend dieses Tages strömte dann auch eine große Menge sensationslustigen Volkes, das es zu allen Zeiten gibt, in die Palastanlagen. Da es schon dunkel wurde, erleuchteten Fackeln ringsum die Szene.

Als die Zeit gekommen war, erschien der König auf dem Dach und winkte seinen Untertanen zu, die ihn bejubelten. Dann wurde ihm die erste Frau zugeführt. Ihre Dienerin entkleidete sie. Sie war vielleicht dreißig Jahre alt und eine üppige, schöne Frau. Als der König seinen Mantel ablegte, sahen alle: Er war bereit. In jener Zeit waren auch in Israel immer wieder Fruchtbarkeitsriten mit Phallussymbolen und Weiblichkeitsdarstellungen zu beobachten. Ringsum wurden Phallussymbole am Wegesrand aufgestellt und verehrt. Die Vereinigung von Mann und Frau galt als Zeichen der Verbindung von Gottheit und Menschheit. Deshalb war das Ganze nichts Ungewöhnliches – nur daß hier ein junger König stand.

So sah das Volk mit andächtigem Schauer, wie sich die Frau auf das Lager legte und der König bei ihr einging. Als sie aufstand, schickte Ahithophel die zweite Frau auf das Flachdach. Der Minister war ein erfahrener und kluger Mann. Er ordnete die Reihenfolge der Frauen so, daß es für den jungen König immer etwas Neues, Reizvolles zu genießen gab. Zwischendurch ließ er ein Orchester spielen, um das Volk abzulenken und dem König etwas Erholung zu schenken.

Das Volk aber stand um den Turm mit dem Lager und genoß, was da geschah, wie ein Schauspiel. Als schließlich die zehnte Frau vor Absalom lag, war er schweißnaß am ganzen Leib, aber er hatte alles gut bestanden.

Er hatte auf eine ganz besondere Weise vor aller Augen vom Königspalast Besitz genommen mit allem, was darin war. Schließlich sank der junge König ermattet auf sein Lager nieder. Ahitophel deckte ihn mit einem Wolltuch zu.

Das Volk zerstreute sich. In dieser Nacht aber schlief niemand gleich auf seinem Lager ein.
2. Buch Samuel 15 und 16

Absalom demonstriert sein Besitzrecht, Radierung v. Marie Kiesow

David und Abisag

David wurde alt, und mit zunehmendem Alter begann er zu frieren. War er in seinen Mannesjahren erst am kühlenden Abend auf das Flachdach seines Palastes gestiegen, um sich nach der Hitze des Tages zu erfrischen, stieg er jetzt bei der größten Wärme nach oben, um die Strahlen der Sonne in seinen Körper aufzunehmen. Doch der Vorrat der Sonnenwärme reichte nicht mehr für die Kühle der Nacht, die oft Frosttemperaturen aufwies. Die Becken mit glühenden Kohlen, die von den Dienern in den Schlafraum gestellt wurden, vermochten die Kälteschauer aus dem Leib des Königs nicht mehr zu vertreiben. Der warme Wein, mit mancherlei Kräutern versetzt, drang nicht mehr in jedes Glied. Die Dienerschaft bedeckte ihn mit Kleidern und Wolldecken und Pelzen, aber bald wurde das Gewicht der Hüllen dem mageren Körper zu schwer.

Da hielten die Minister einen Rat, wie man dem König helfen könne. Nach einigen vergeblichen Überlegungen erinnerten sie sich daran, daß David immer Freude an schönen Frauen gehabt hatte. Die vielen hundert

Frauen in seinem Harem waren ihm langweilig. Von ihnen konnte keine mehr sein Herz erwärmen. Aus eigener Erfahrung wußten sie, daß ein Mann, je älter er wird, um so lieber junge Frauen um sich hat. Und sie beschlossen einstimmig: »Man suche unserem Herrn, dem König, eine Jungfrau, die vor dem König stehe und ihn umsorge und in seinen Armen schlafe und ihn wärme.«

Sie machten sich also auf die Suche nach einem schönen Mädchen im ganzen Israel und fanden schließlich Abisag von Sunem. Abisag war um die vierzehn Jahre alt. Sie brachten das Mädchen vor den König, und als David es sah, wurde ihm warm ums Herz, und die Wärme verbreitete sich über seinen ganzen Körper. Abisag hatte ein gleichmäßig schönes Gesicht, das von langen glänzend schwarzen Haaren eingerahmt wurde, und die Haare gingen ihr bis über die Hüften. Der König schickte die Minister und Diener hinaus und befahl dem Mädchen, das Kleid von ihren Schultern herabgleiten zu lassen. Sie tat es mit einer Mischung aus Schamhaftigkeit und unschuldiger Reinheit. Ihr Körper war makellos wie ihr Gesicht, ein Wesen mit dem Gesicht eines Engels und dem Körper einer Göttin. Der König hieß das Mädchen sich wieder anziehen und rief Diener und Minister herein. Nun wurde es beschlossene Sache für alle: Abisag blieb beim König.

Sie hatte nicht mehr zu tun als in der Nähe Davids zu bleiben, kleine Hilfestellungen zu geben, wenn er etwas brauchte; sie plauderte mit ihm über belanglose

Angelegenheiten – sie setzte sich still in die Ecke, wenn die Minister kamen und mit ihm über die Regierungsgeschäfte sprachen. Da David bis ins hohe Alter ein geistvoller Unterhalter und ein sensibler Mann blieb, mit dem sich auch ein heranwachsendes Mädchen über alle Dinge dieser Welt unterhalten konnte, gewann Abisag ihn bald lieb, so wie man einen guten Onkel lieben und ihm alles erzählen kann.

Sie hatte bald keine Hemmungen mehr vor dem König. In der Nacht lag sie neben ihm. Der König streichelte ihren warmen jungen Körper, der so schnell schweißnaß werden konnte; er genoß den Duft ihres Leibes, ihres Schweißes und ihrer Haare, der sich wunderbar unterschied von den anderen Frauen, die er einmal geliebt hatte. Seine Finger spielten in ihren Haaren. Mit seinen Lippen berührte er zuweilen die feste, samtene Haut, wo immer er ihr gerade begegnete.

Der König erfreute sich an den noch unbeholfenen Liebesbeweisen des Mädchens. Etwas anderes konnte es für ihn in dieser Zeit nicht mehr geben. Er lächelte nur leise und wehmütig an der Seite des schönen Mädchens, das da tief und friedlich neben ihm eingeschlafen war, und dachte an die vielen Frauen, mit denen er so glückliche, rauschhafte Stunden erleben durfte. Das wärmte sein Herz und seinen Körper. Mit solchen Gedanken schlief er schließlich ein.

1. Buch der Könige, 1

David und Abisag, Künstler unbekannt

Esther

Ahasveros regierte als König vom Indus bis zum Nil über einhundertsiebenundzwanzig Länder. Im dritten Jahr seiner Herrschaft lud er alle Fürsten, Heerführer und Edlen an seinen Tisch zu einem großen Essen. Nach diesem Festmahl war alles Volk in den Palast eingeladen, und die Menschen strömten in die Häuser und königlichen Gärten, sie besichtigten die Menagerie und badeten in den Teichen. Sie bewunderten die Pracht seiner Wandbehänge und Sitz- und Liegepolster. Nicht satt sehen konnten sie sich am grünen, gelben, weißen und schwarzen Marmor und an den kostbaren Gefäßen, oft in Gold gefaßt, die da herumstanden. Nicht genug konnten sie bekommen von den auserlesenen Speisen, die sie oft zum erstenmal in ihrem Leben sahen und schmeckten, und den so unterschiedlichen Getränken. Jeder durfte essen und trinken, so viel er wollte. Immer neue Schalen, immer neue Trinkgefäße standen da.

Ahasveros, ein großer, schlanker Mann um die vierzig, mit einem kurzen Vollbart und einem turbanartigen Hut, wanderte zwischen ihnen; jeder konnte ihn sehen.

Und alle, die da waren, priesen und bewunderten die Macht und Pracht und Leutseligkeit des mächtigsten Mannes seiner Zeit. Wo er hinkam, jubelten die Gäste ihm zu. Sie hoben gegen ihn ihre Becher, gefüllt mit leuchtendem Wein, und tranken auf sein Wohl. Sie priesen sich glücklich, in seinem Reich zu leben, dem mächtigsten Volk der damaligen Welt anzugehören. Sie dankten ihren Göttern, daß ihnen ein König wie Ahasveros geschenkt worden war, und sie beteten für ihn.

Der König zeigte sich auch seinen Ministern und Dienern in bester Laune. Alles war gelungen, was er sich vorgenommen hatte. Am siebten Tag der Feierlichkeiten ließ er die Königin aus dem Harem an den Tisch rufen, um sie den besten Freunden und Bekannten der Tafelrunde zu präsentieren. Sie war die erste und einflußreichste Frau des Landes, die in Gesellschaften und bei Empfängen an der Seite des Königs war und mit ihrer Schönheit und Klugheit, auch mit ihrem Charme, das Zusammensein der Gesellschaft verschönte. Sie war auch die einzige Frau, von der sich der König in Regierungsangelegenheiten beraten ließ.

Doch die Königin ließ den Boten ausrichten, sie werde nicht kommen. Einen Grund für ihre Verweigerung gab sie nicht an. Als der Bote die Nachricht dem König überbrachte, ergrimmte der Herrscher. Er war gewohnt, daß sein Wunsch einem Befehl gleichkam. So gab er Anweisung, diese Frau im Harem zu lassen und sie nie wieder vor ihn zu bringen. Damit wurde aber der Platz der ersten Dame am Hof frei. Nun gab es im Harem eigentlich genug Frauen zur Auswahl, aber die Ratgeber ermunterten ihn, nach einer neuen Frau Ausschau zu halten. So gab König Ahasveros den Befehl, in allen Ländern seines weitläufigen Reiches nach den schönsten Jungfrauen Ausschau zu halten, sie in die zentrale Stadt zu bringen, dorthin, wo der König residierte, und sie dort unter die Hand des Kämmerers zu geben. Dort pflegten eigens ausgebildete Dienerinnen die jungen Frauen, sie brachten ihnen Sprachkenntnisse bei – schließlich wollte sich der König auch mit ihnen unterhalten – sie bekamen eine schöne Frisur, sie lernten sich zu schminken; der Kammerherr unterwies sie im Umgang am Hof und besonders mit dem König. Zwölf Monate dauerte die Ausbildung. Wenn dann ein Mädchen so vorbereitet war, wurde es dem König vorgestellt. Der entschied am Ende, wer die erste Frau im Reich war, wobei die anderen Mädchen zu Nebenfrauen wurden und in den Harem kamen.

Unter den ausgesuchten Frauen befand sich auch Esther, eine Jüdin. Wie alle anderen Frauen hatte sie ein schönes Gesicht und eine schöne Figur, wie alle anderen bestach sie durch ein exotisches Flair und anmutige Bewegungen. Der Kämmerer Hegai, erfahren im Umgang mit Frauen, erkannte aber bald, daß sie sich in einem Punkt von den anderen abhob: Sie war intelligenter und geistvoller. Der Eunuch gab ihr einen besonderen Platz im Frauenhaus und wies ihr sieben Sklavinnen zu, die allein für sie zu sorgen hatten. Sie bekam auch eine besondere Nahrung, die ihrer Haut gut bekam, die sie gesund hielt und den Körper nährte; denn der König liebte üppige Frauen. Ein ganzes Jahr wurde Esther wie alle anderen Frauen auf die Vorstellung beim König vorbereitet. Dann brachte sie ein Diener in die Privaträume des Herrschers. Der Ritus sah vor, die Frauen aus dem Vorbereitungshaus in das Schlafgemach des Königs zu führen, und am nächsten Morgen holten die Dienerinnen das Mädchen wieder im Schlafgemach ab und brachten es in das Frauenhaus. Dort lebte es mit den anderen Frauen zusammen, die dem König gehörten, und durfte nicht wieder zum Herrscher, es sei denn, er ließ es zu sich rufen.

Am Abend wurde also Esther zum König gebracht, und Ahasveros, der mit Frauen verwöhnt war und alle ihre Spiele und Bewegungen kannte, ließ sich von der schönen und klugen Frau verzaubern. In jener Zeit waren die Männer der Auffassung, eine Frau sei dumm und nicht bildungsfähig. Esther aber zeigte sich im Gespräch dem König ebenbürtig. Sie widersprach ihm nicht, das wäre seiner Macht und Würde unangemessen. Aber sie gab ihm viele Dinge zu bedenken, die ihm noch nie in den Sinn gekommen waren. Zum erstenmal wurde ihm klar, daß eine Frau nicht nur aus Fleisch und Sinnlichkeit besteht, sondern auch Klugheit, Witz und Weisheit haben kann. Zum erstenmal, seit sich die Hauptfrau seinen Wünschen widersetzt hatte, wollte er am nächsten Morgen mit dieser Esther weitersprechen und von ihr neue Einsichten erfahren. Zum erstenmal konnte er sich vorstellen, zusammen mit einer Frau die Regierungsgeschäfte zu führen.

Am nächsten Morgen führten die Diener die junge Jüdin in das Frauenhaus. Aber bereits am Nachmittag gab er Befehl, sie wieder zu ihm zu bringen. Er bot ihr einen Platz neben sich am Tisch an, und die beiden plauderten zum Erstaunen der Umgebung miteinander, als würden sie sich ewig schon kennen. Die Frau blieb auch in der Nacht da und teilte mit ihm sein Lager. Am nächsten Morgen sagte Ahasveros seinen Ministern, diese Frau werde zur Königin erhoben und in Zukunft bei allen offiziellen Anlässen neben ihm sitzen.

Esther durfte weiter zum Gott Israels beten, da war der König tolerant. Außerdem konnte sie für manchen Juden, dem es schlecht ging, beim König erwirken, daß geholfen wurde.

Der König liebte sie über viele Jahrzehnte und erfüllte ihr viele Wünsche zum Segen des jüdischen Volkes.

Das Buch Esther

Ahasveros nimmt eine Jüdin zur Frau, Julius Schnorr von Carolsfeld

Das Hohelied der Liebe

1. Die Geliebte
Geliebter, küsse mich mit der Glut deines Mundes; denn deine Küsse sind lieblicher als Wein. Du riechst köstlicher als Salböl, das man im Hause versprühte und das nun mit seinem Duft den ganzen Raum erfüllt. Alle Jungfrauen begehren dich. Führe mich auf dein Lager. Wir wollen uns freuen und fröhlich sein. Ich preise deine Liebe mehr als den Wein. Von ganzem Herzen liebe ich dich.

Ich bin sonnengebräunt, braun bin ich wie die Zelte Kedars, wie die Teppiche Salomos, aber du magst meine Gestalt, sagst du. Meine Brüder schickten mich in den Weinberg, ihn zu hüten. Doch meinen eigenen Liebeshügel habe ich nicht gehütet.

Sag mir, wo bist du am Mittag, damit ich dich nicht lange suchen muß. Wir verlieren nur Zeit für unsere Liebe.

2. Der Geliebte
Weißt du nicht, du schönste der Frauen, wo ich bin, so komm zu den Zelten der Hirten. Du bist wie eine Stute, die voller Lust tänzelt.

Lieblich sind deine Wangen mit den Kettchen und dein Hals mit den Perlenschnüren. Wir wollen Glied für Glied und Perle für Perle durchgehen und uns dabei aneinander erfreuen. Oh ja, meine Freundin, du bist schön; wunderschön bist du, und deine Augen sind wie Taubenaugen.

3. Die Geliebte
Als er sich zu mir wandte, wurde mir ganz schwindelig, und es zog in meinem Leib. Nun hat er seinen Kopf zwischen meinen Brüsten; er liegt da wie ein Büschel Myrrhe. Mit seinen Liebkosungen macht er mich fröhlich wie ein Strauß Zypernblumen in den Weingärten von Engedi.

Ach ja, mein Freund, es ist schön mit dir und lieblich. Komm in den Weinberg, wir wollen uns lieben. Unser Lager ist grün. Laß uns hier liegen und lieben wie in einem Palast, ausgebreitet mit den kostbarsten Polstern.

4. Der Geliebte
Wie eine Blume zwischen dem Dornengestrüpp, so bist du, meine Freundin, unter den Mädchen.

5. Die Geliebte
Wie ein Apfelbaum unter den wilden Bäumen, so ist mein Freund unter den jungen Männern. Ich möchte immer in seinem Schatten sitzen. Ich möchte seine Früchte genießen. Ich möchte in seine Äste steigen. Ich möchte unter ihm liegen, und die Liebe sei sein Zeichen

über mir. Er erquickt mich mit den Köstlichkeiten seiner Leidenschaft; denn ich bin krank vor Liebe. Seine Linke liegt unter meinem Haupt, und seine Rechte streichelt meinen Körper. Nichts läßt sie aus.

Ich beschwöre euch, ihr Mädchen, stört uns nicht, bis wir beide satt sind von Liebe, bis wir ermattet nebeneinander auf unser grünes Lager sinken.

Da ist seine Stimme! Jetzt kommt er und ruft nach mir. Er kommt und hüpft über die Berge. Er springt über die Hügel. Fröhlich kommt er wie eine Gazelle, kraftvoll wie ein Hirsch. Er ruft mich: »Meine Schöne, steh auf und komm zu mir! Zeig dich mir, laß mich deine Stimme hören; denn deine Stimme ist süß, und dein Leib ist wunderschön.«

Jetzt haltet alles fern, was unsere Liebe stören könnte. Er weidet mit seinem Mund meinen Leib, küßt jedes Haar auf meinem Leib. Er gehört ganz mir, er liebt mich. Wir liegen auf dem Gras des Weinbergs, in der Hitze des Tages, bis es kühl wird auf der Erde und die Schatten schwinden.

Ja, zeig deine Leidenschaft, Geliebter! Komm zu mir mit der Kraft eines jungen Hirsches auf den Balsambergen!

6. Die Geliebte

Heute nacht wachte ich auf und hatte solche Sehnsucht nach ihm, daß ich mich schnell ankleidete und durch die Straßen und Gassen streifte, um ihn zu suchen. Die Wächter griffen mich auf, und ich fragte sie nach dir, aber sie hatten dich nicht gesehen. Kurz danach fand ich dich. Ich hielt dich fest und zog dich fort in unser Haus. Nun liegen wir im Bett der Mutter. Ringsumher schlafen die Schwestern.

Liebe Schwestern, ich beschwöre euch: Wacht jetzt nicht auf und stört uns nicht, bis die Glut meiner Liebe gestillt ist. Im Dunkel vergewissere ich mich, daß er noch da ist. Er ist groß und stark wie eine Säule, gewappnet wie zum Streit, stark wie sechzig Männer, die ausgesucht wurden, um Salomo in seiner Sänfte zu beschützen.

Seine Säule ist kostbar wie Salomos Palastpfeiler, geschmückt mit Silber, Gold, Purpur und Ebenholz. Ihr Frauen, seht euch doch meinen Geliebten an und sagt dann, ob ihr solche Pracht schon einmal gesehen habt!

7. Der Geliebte

Siehe, meine Freundin, du bist schön. Schön, wunderschön bist du. Deine Augen sind wie Taubenaugen hinter deinem Gesichtsschleier. Dein Haar ist weich und lang wie bei einer Herde Ziegen, die herabsteigen vom Berge Gilead. Deine Zähne sind weiß wie eine Herde geschorener Schafe, die aus der Schwemme kommen. Gleichmäßig stehen deine Zähne, wie Perlen aufgereiht in einer Kette. Deine Lippen sind wie eine scharlachrote Schnur, und dein Mund ist lieblich anzusehen. Wie eine Scheibe vom Granatapfel sind deine Schläfen. Dein Hals ist kraftvoll wie ein Turm Davids, deine Brüste sind ebenmäßig; sie schmiegen sich in meine Hände und duften wie Lilien. Bis der Tag kühl wird und die Schatten schwinden, will ich zu dir kommen und dir meine ganze Leidenschaft schenken.

Du bist schön, meine Freundin, wunderbar bist du, und kein Makel ist an dir. Laß mich bei dir bleiben, ich will dich immer wieder lieben. Ich will deinen Leib küssen vom Scheitel bis zur Sohle. Mit einem einzigen Augenaufschlag hast du mir mein Herz genommen, ich hänge an dir wie eine Kette an deinem Hals. Wie überwältigend ist doch deine Leidenschaft, Geliebte! Sie ist feuriger als Wein, und der Duft deines Leibes übertrifft alle Gewürze dieser Welt.

Süß ist dein Mund. Süß wie Honig schmecken deine Küsse, deine Kleider duften frisch nach dem Grün, auf dem wir liegen. Ich schließe dich auf. Ich öffne die Tür zu deinem Garten. Ich lege die Quelle frei zwischen deinen Schenkeln. Ich lasse die Feuchte deiner Lust hervorquellen.

Du bist ein Lustgarten mit unendlich zahlreichen Blüten, die ich nach und nach pflücke. Ich trinke den Tau von den Haaren unter deinen Armen. Ich genieße den Schweiß, der wie ein Bächlein zwischen deinen Brüsten fließt. Ich weide mit meinem Mund deinen Körper ab und finde überall köstliche Früchte. Jede Frucht duftet erregend und betört meine Sinne.

Ein Gartenbrunnen bist du, ein Quell des Lebens, der vom Libanon fließt. Ich genieße deine edlen Früchte, du schönste der Frauen.

8. Der Geliebte

Ich bin gekommen in meinen Garten, Geliebte, und ich habe alle Früchte der Liebe gekostet. Ich habe den Honig samt der Wabe gegessen. Ich habe den Wein samt der Milch geschlürft. Du hast mich vollkommen glücklich gemacht. Nun gehe ich zu meinen Freunden und freue mich mit ihnen, daß es solche Liebe gibt. Ja, ich bin trunken vor Liebe.

9. Die Geliebte

Ich schlief, aber mein Herz war wach. Da klopfte mein Freund an meine Tür: »Tu mir auf, Liebste, ich möchte heute nacht bei dir sein.« Aber ich zögerte: »Ich habe mein Kleid schon ausgezogen – wie soll ich es wieder anziehen? Ich habe meine Füße gewaschen – warum soll ich sie wieder schmutzig machen?« Er schob seine Hand durch das Riegelloch, und mein Körper streckte sich ihm entgegen in Sehnsucht und Verlangen. Doch als ich ihm schließlich die Tür öffnete, war er schon fortgegangen.

Meine Seele war außer sich, daß er sich so schnell abgewandt hatte. Ich lief im Hemd, wie ich war, aus dem Haus und lief ihm nach. Ich suchte ihn lange, aber ich fand ihn nicht. Ich rief nach ihm, aber er antwortete nicht. Da griffen mich die Wächter. Sie schlugen mich und zogen mich aus wie eine Dirne. Wenn ihr ihn findet, Mädchen – ich beschwöre euch – sagt ihm, daß ich vor Sehnsucht krank bin. Er ist ja so schön wie kein anderer. Sein Haar ist kraus und so schwarz wie ein Rabe. Sanft sind seine

Augen, seine Wangen duften und streicheln meinen Leib. Seine Lippen liebkosen wunderbar meinen Körper. Das Streicheln seiner Hände ist kostbar, sein Leib ist rein und fest wie Elfenbein, mit Saphiren geschmückt. Seine Beine sind gerade und voller Kraft. Er ist groß und stark wie eine Zeder des Libanon. Ja, alles an ihm ist schön. So ist mein Freund, ja, so ist mein Freund.

10. Die Geliebte

Ihr fragt: »Wo ist er hingegangen, dein Geliebter? Wir wollen ihn mit dir suchen.« Er wird anderswo Früchte suchen, da ich ihn in meinem Garten nicht ernten ließ. Möglich, daß da andere sind. Dennoch bleibt er mein, und ich bin sein.

11. Der Bräutigam

Ja, meine Liebe, ich war bei anderen Frauen. Viele habe ich geliebt, sechzig Königinnen, achtzig Nebenfrauen und Jungfrauen ohne Zahl. Aber nur eine einzige liebe ich wirklich – dich. Du bist reizvoller als alle Königinnen. Wenn du da bist, verblassen alle anderen. Wie die Morgenröte mit ihrem Glanz das Dunkel der Nacht vertreibt, erscheinst du mir. Wie die Sonne mit ihrer Helligkeit alles andere in den Schatten stellt, so bist du. Wie der Mond alle Sterne an Glanz übertrifft, bist du. Du nimmst meine Seele mit Gewalt, und ich komme nicht mehr von dir los. Ich habe dich mit den anderen Frauen verglichen – niemand ist so schön wie du. Ich habe mit ihnen das Lager geteilt – du übertriffst sie alle an Leidenschaft. Ohne daß ich es merkte, hast du mich ganz und gar gefangen.

12. Der Chor der Frauen
Wende dich hin, wende dich her, o Sulamith, daß wir dich anschauen. Wie schön du dich beim Tanz bewegst! Die Rundung deiner Hüften ist wie ein Halsgeschmeide, das des Meisters Hand gemacht hat. Dein Schoß ist wie ein runder Becher, dem niemals Flüssigkeit fehlt. Dein Leib ist golden wie ein Weizenfeld, umsteckt mit Lilien. Deine Brüste sind zart wie junge Gazellen. Dein Hals ist wie ein Turm von Elfenbein. Deine Augen sind wie Gebirgsseen. Kräftig ist deine Nase wie der Turm auf dem Libanon. Schön geformt ist dein Haupt. Das Haar auf deinem Kopf ist wie Purpur; ein König liegt in deinen Locken gefangen.

Wie schön und lieblich bist du, du Liebe voller Wonne. Dein Wuchs ist hoch und schlank wie ein Palmbaum. Deine Brüste gleichen den Weintrauben.

13. Ein Mann
Er sprach: »Ich will den Palmbaum besteigen und in seine Blätter greifen. Laß deine Brüste sein wie Trauben am Weinstock, die man beglückt genießt. Laß es zwischen deinen Schenkeln wie ein Becher voll Flüssigkeit sein. Laß deinen Mund sein wie berauschender Wein, daß wir miteinander die Liebe feiern!«

14. Das Mädchen

Meinem Freund gehöre ich, und nach ihm allein steht mein Verlangen. O Freund, laß uns hinausgehen und unter Zypernbäumen die Nacht verbringen. Laß uns sehen, ob die Liebe aufblüht in unseren Leibern. Da will ich dir dann meine Liebe schenken. Ich habe alle Kostbarkeiten für dich aufbewahrt, nur für dich.

15. Die Geliebte

Warum kann ich dich nicht immer bei mir behalten, um dich zu küssen und dich zu streicheln! Ich möchte dich mit nach Hause nehmen, und wenn bei uns die Lust aufblüht, wollen wir die Blumen pflücken.

Ich möchte, daß deine Linke unter meinem Haupt liegt und deine Rechte meinen Leib streichelt. Ich möchte mit dir alle Wonnen der Lust auskosten, solange es uns gefällt. Leg mich wie ein Siegel auf dein Herz und halt mich dort fest! Denn Liebe ist stark wie der Tod und Leidenschaft unwiderstehlich wie das Totenreich; ihre Glut ist stark, ihre Flammen sind so hoch, daß auch viele Wassergüsse die Liebe nicht auslöschen und Ströme sie nicht ertränken können. Wenn einer alles Gut in seinem Hause um die Liebe geben wollte, so könnte das alles nicht genügen.

16. Das Mädchen

Meine Brüder, ihr sagt, ich sei noch zu jung für die Liebe, ich habe noch nicht einmal richtige Brüste. Ihr wollt ja nur ein Bollwerk um mich aufrichten, ihr wollt die Tür zu mir mit starken Bohlen sichern. Aber ich bin stark wie ihr, und meine Brüste sind üppig wie Weintrauben. Vor allem kommt ihr viel zu spät In den Armen meines Freundes bin ich die schönste von allen Frauen. Seine Leidenschaft bringt Frieden in meine Seele.

Mein Körper gehört mir, und ich kann darauf ernten lassen, wen ich will. Komm, Geliebter, weide auf mir! Komm schnell wie eine Gazelle, komm mit der Kraft eines jungen Hirsches! Komm in meinen Garten und laß uns miteinander die Liebe auskosten. Ja, Liebe ist stark wie der Tod, und niemand kann ihre Glut löschen.
Das Hohelied Salomos

Du bist schön, meine Freundin. Kupferstich, Künstler unbekannt

Die jüdische Frau und die fremden Götter

Vorwort: Hier geht es um ein Gleichnis. Der Prophet Hesekiel vergleicht Gott mit einem Ehemann und das Volk Israel mit einer Frau. Der Mann liebt die Frau, aber die Frau geht zu anderen Männern, so wie Israel anderen Religionen nachlief. Für ihre Untreue straft Gott sie nun, sagt der Prophet – und seine Verheißung hat sich erfüllt.

Als sie geboren wurde, Tochter eines Amoriters und einer Hethiterin, hatte die Mutter schon ihren Mann und die anderen Kinder verlassen. Auch mit diesem Neugeborenen wollte sie sich nicht belasten. So wurde das Kind nach seiner Entbindung nicht gebadet, nicht mit Salz abgerieben und nicht gewindelt. Die Mutter warf es einfach auf das Feld und ließ es dort liegen in der Gewißheit, es werde sterben.

Aber ein Mann fand das Baby: hilflos, blutbeschmiert, winzig, aber noch am Leben. Da regte sich Mitleid in ihm. Er sagte zu dem winzigen Kind: »Du sollst leben!« Er nahm das Neugeborene auf den Arm, er wärmte es an seinem Körper, er badete es, er salbte es mit Öl und windelte es. Er fand eine Amme, die es an die Brust legte. Und das Mädchen wuchs heran und wurde groß und schön. Seine Brüste entwickelten sich, die Haare reichten bald bis zu den Hüften. Der Mann sah mit Freude die heranwachsende junge Frau und kaufte ihr schöne Kleider. Und irgendwann, als ihm die Zeit reif schien, machte er ihr einen Heiratsantrag. Selbstverständlich nahm die junge Frau diesen Antrag an. Sie liebte diesen sehr viel älteren Mann nicht, aber sie fühlte sich verpflichtet dazu. Schließlich verdankte sie ihm ihr Leben, er hatte ihr oft genug erzählt, wie er sie damals auf dem Feld gefunden und dann aufgezogen hatte. Sie gebar ihm auch Söhne und Töchter, blieb ihm im Herzen aber immer eine Fremde. Der Mann erzählte ihr von seinem Glauben an Gott, dem Gott seiner Väter, einem eifernden Gott, der die Sünde der Väter an den Kindern heimsucht bis in die dritte und vierte Generation. Sie hörte vom strengen, ernsten Gott, der so vieles verbot, was das Leben so schön macht. Ihr Inneres sträubte sich gegen diesen Herrn, aber da ihr Mann sich zu ihm hielt, betete auch sie zu ihm.

Der Mann gab sich alle Mühe, sie zu verwöhnen. Schuhe von feinstem Leder ließ er für sie anfertigen, ein Kopfband aus kostbarem Leinen bekam sie, seidene Schleier kaufte er. Sie bekam goldene Reifen an ihre Arme, eine Kette um ihren Hals, einen Ring an die Nase, Ringe für die Ohren und ein kostbares Diadem auf ihr Haupt. So war sie geschmückt mit Gold und mit Silber und gekleidet mit schöner Leinwand, Seide und bunten

Tüchern. Sie aß Brote von feinstem Mehl, Honig und Öl und wurde überaus schön und kam zu großen Ehren. Der Ruf ihrer Schönheit verbreitete sich über die Grenzen des Landes. Von überall her kamen Bewunderer und wollten ihrer Schönheit huldigen wie einer Königin.

Doch der Ruhm ihrer Schönheit stieg der Frau zu Kopf. Sie sah die Männer um ihr Haus streifen und bewundernd und begehrlich anstarren, wenn sie sich sehen ließ. Sie sah die Männer oft tagelang um das Haus lungern in der Hoffnung, sie zu sehen oder gar zu sprechen. Wenn sie das Haus verließ, zogen die Blicke der Männer sie aus, drangen durch ihre Kleidung, streichelten ihren Körper. Die Männer verfolgten sie auf ihren Wegen zum Basar oder zu Freundinnen, je nach Veranlagung machten sie das dezent oder plump. Es belästigte sie nicht. Sie genoß es, so von ihnen bewundert und begehrt zu werden. Ihr Mann erinnerte sie ständig daran, daß sie ihm alles, aber auch alles verdanke. Die anderen Männer machten ihr bewußt, daß sie sie ihrer Schönheit wegen liebten. Und diese Männer waren jünger, schöner, kraftvoller, verhießen mehr Freude als ihr alter, ernster Mann.

Irgendwann erhörte sie dann auch einen ihrer Bewunderer, einen Mann mit festem Fleisch und viel Muskeln, sie schnurrte und stöhnte und jauchzte unter seinen Liebkosungen. Dieser Mann kam wieder und wieder in ihr, und sie fand ihn aufregend und lustvoll.

Von diesem erstenmal an nahm sie immer häufiger fremde Männer in ihr Haus. Sie warf alle Gebote und

Hemmungen fort, die ihr von ihrem alten Mann in zwanzig Jahren anerzogen wurden. Sie erinnerte sich an die Gottheiten rings um das Volk Israel. Da wurde die Vereinigung von Mann und Frau der Vereinigung von Gottheit und Menschheit gleichgesetzt. Da gab es die Fruchtbarkeitsgötter und die Göttinnen der Schönheit und der Liebe. Mit einem anderen Menschen die irdische Liebe rauschhaft genießen bedeutete dort die Liebe zur Gottheit.

Die Belehrungen ihres strengen, ernsten Mannes langweilten sie. Seine ewigen Vorhaltungen, was sie ihm alles verdanke, ödeten sie an. Sie hatte dafür jahrelang mit ihrem Körper bezahlt. Jetzt wollte sie tun, was ihr gefiel. Sie wollte ihr Leben genießen. Er aber konnte ihr nichts mehr geben. Sie wollte von den Männern bewundert und begehrt werden. Sie erlebte, wie Männer alle ihre Besitztümer aufboten, um mit ihr ein paar Stunden zusammenzusein. Sie sah mit Wohlgefallen die kostbaren Geschenke, die sie vor ihre Türschwelle und später vor ihre Füße legten. Ihre Kleider waren noch herrlicher, ihr Schmuck noch kostbarer, als ihr Mann es ihr je geben konnte. Vor allem aber: Sie schenkten ihr eine Lust, die sie so vorher nie empfunden hatte.

Von ihrem Mann hatte sie gelernt, vor dem unsichtbaren Gott der Juden zu knieen; nun erlebte sie, wie die Männer vor ihr knieten und ihr wie einer Schönheits- und Liebesgöttin huldigten. Ihr Selbstbewußtsein nährte sich aus der Erfahrung, daß sie bewundert, begehrt, verehrt und beschenkt wurde. Das Liebesspiel mit den Männern bedeutete ihr Freiheit. Sie konnte erhören oder verweigern, sie konnte Männer zu höchstem Glück oder zu tiefster Verzweiflung bringen. Ihretwegen hatten sich Männer umgebracht. Ihretwegen wurden sie zu Bettlern. Sie war wie eine Göttin. Bald trugen die beglückten Männer ihren Ruf weiter, sie sei nicht nur eine außergewöhnliche Schönheit, sondern auch die leidenschaftlichste Geliebte der Welt. Wollte jemand wissen, was Liebe wirklich bedeutete, mußte er es von ihr erfahren haben.

Unter den Geschenken, die ihr die Männer mitbrachten, befanden sich auch kleine Götterdarstellungen, vor allem der goldene lachende Baal und die hoheitsvolle silberne Aschera. Vor allem diese beiden Götter wurden in den umliegenden Ländern verehrt. Die Liebhaber erzählten der Frau von ihnen. Sie berichteten vom fröhlichen Baal, der will, daß die Menschen das Leben und die Liebe in vollen Zügen genießen. Sie sprachen von den Göttern, die als Sterne sichtbar auf die Menschen schauen und ihr Schicksal von der Geburt bis zum Tode bestimmen. Daß die schöne Frau von dem alten Mann als Kind auf dem Felde gefunden und großgezogen worden war, verpflichtete sie also gar nicht zu beständiger Treue. Denn ihr Schicksal war ihr ja von den Sternen vorgezeichnet, und die silberne Aschera ermunterte sie: Geh deinen Weg in Leidenschaftlichkeit und Rausch, die Götter schauen auf dich herab und freuen sich an dir!

Die junge Frau stellte die heidnischen Gottheiten in ihr Zimmer, zunächst als Erinnerung an die Männer, die sie glücklich gemacht hatten. Bald fragte auch sie die Sterngötter nach ihrer Zukunft und wandte sich dabei nicht mehr an den unsichtbaren Gott der Juden, sondern an die silberne Sternenkönigin, die da in ihrem Zimmer stand, die zudem noch eine Frau war und sie besser verstand als der strenge Gott der Juden, der mehr für die Männer da war. Wenn ihr Mann sie mit seiner Gesetzlichkeit und seinen Vorhaltungen quälte, schaute sie zum lachenden Baal und ließ den Mann reden.

Je mehr ihr Mann den Gott der Juden schilderte, wie er selbst war – ernst, streng, eifersüchtig, zornig, kleinlich – desto mehr zog es sie zu den heidnischen Göttern der Lebensfreude. Ihr Mann drohte, er werde sie steinigen lassen, wie es das mosaische Gesetz für den Mann und die Frau befahl, die man des Ehebruchs überführt hatte. Da sah sie nur hinüber zur Sternengöttin: Es war ja alles vorgezeichnetes Schicksal, dem niemand entrinnen kann. Der Mann wollte die Hausgötter hinausschaffen, zerstören, einschmelzen, verkaufen, aber sie verwehrte es ihm. Diese Figuren wurden zum äußeren Zeichen ihres Selbstbewußtseins als Frau, ihres Widerstandes gegen das Gefangensein in dieser Gesetzlichkeit.

Ihr Mann wußte selbstverständlich, wie die Götterbilder in sein Haus gekommen waren. Er wußte, was seine Frau tat. Er drohte, er klagte, er quengelte, er forderte, er greinte. Aber er war schon zu schwach und zu alt.

Schließlich rief er: »Aber nicht in meinem Haus!« Da verließ die Frau die Behausung. Ihre Bewunderer folgten ihr. Am Weg stellte sie die Götterbilder auf zusammengetragene Steine, und unter diesen Bildern erwartete sie ihre Liebhaber. Wie die Hierodulen vor den Baalsaltären lag sie da bei ihren Götzenbildern und empfing sie alle, die zu ihr kamen, die Vornehmen und Geringen, die Alten und die Heranwachsenden, die noch nicht die Liebe kannten, die Dickbäuchigen und die Mageren. Wer ihr nichts für ihre Hingabe schenken konnte, wie es bei den Hierodulen üblich war, wurde von ihr beschenkt. Sie wetteiferte mit den jungen Frauen, die in den heidnischen Tempeln ihren Dienst taten, mehr Männer als die anderen zu haben, um in die Gottheit Baal einzugehen. Mit dem Eifer einer Bekehrten warb sie um die Männer und tat ihnen alles, was ihnen gefiel.

Da ging der Ehemann zum Tribunal und klagte sie an. Sie wurde als Ehebrecherin verhaftet. Dieselben Männer, die auch ihre Liebhaber gewesen waren und ihre Schönheit und ihre Leidenschaftlichkeit gerühmt hatten, saßen nun über sie zu Gericht. Es war nicht nur ihr Ehebruch, der sie zum Tode führte. Sie bekannte sich offen zu ihrer Freiheit als Frau und zu den Göttern, die ihr diese Freiheit vermittelt hatten. Nach dem Gesetz des Mose war dies ein Verbrechen und sie wurde zum Tod durch Steinigung verurteilt. Damit nicht genug, sollte ihr Leib anschließend mit dem Schwert in Stücke gehauen und den Hunden zum Fraß vorgeworfen werden.

Und dieselben Männer, die ihren wundervollen Leib gestreichelt und ihr heiße Worte ins Ohr geflüstert hatten, hoben nun die Steine auf und zerschlugen ihren Körper. Dieselben Männer, die vor ihr in Anbetung gekniet hatten, knieten nieder, um zu sehen, ob sie tot sei. Die Männer, die sie bewundert und liebkost hatten, warfen ihre Körperteile nun den Hunden zum Fraß hin.

So wird es dem Volk Israel ergehen, rief der Prophet Hesekiel seinen Landsleuten zu, wenn es Gott untreu wird und fremden Religionen nachläuft. Und so ist es geschehen.
Der Prophet Hesekiel, 16

Kultdirne im Fenster; Elfenbeinrelief aus Nimrud, Britisches Museum

Susanna und die beiden Alten

Zur Zeit der babylonischen Gefangenschaft, als zwei Drittel der jüdischen Bevölkerung ihre Heimat verlassen und für viele Jahrzehnte in das Gebiet von Euphrat und Tigris ziehen mußten, lebte in Babylon auch ein jüdischer Mann mit Namen Jojakim, der hatte eine sehr schöne Frau. Diese Frau hieß Susanna. Das Ehepaar lebte in einem prachtvollen Haus, das von einem schönen und dicht abgeschlossenen Garten umgeben war. In diesem Haus versammelten sich regelmäßig die Juden zu ihren Gottesdiensten oder auch zu den Gerichtstagen.

Denn sie hatten auch in der Gefangenschaft eine eigene Rechtssprechung. Alte und weise Männer waren vom Volk gewählt worden, um Streitigkeiten, die immer wieder einmal entbrannten, zu schlichten. So befanden sich regelmäßig unter den Gästen, die sich in diesem Haus aufhielten, auch zwei Älteste, die in diesem Jahr zu Richtern bestimmt worden waren. Und diese beiden Männer entbrannten in Lust zu der Hausherrin und überlegten, wie sie die Frau ihrem Willen gefügig machen konnten. Sie verfolgten jede ihrer Bewegungen und bemerkten bald, daß die Frau in der Hitze der Mittagszeit regelmäßig in den Garten ging, um dort in einem künstlich angelegten Teich zu baden. Sie wollten sich deshalb in ein Versteck legen und die schöne, nackte Frau beobachten. Da sich aber ein jeder vor dem anderen genierte, sich zu seiner Lust zu bekennen, gingen sie getrennt zur Mittagszeit fort. Waren sie außer Sichtweite voneinander entfernt, schlich jeder auf Umwegen zum Garten zurück, um die schöne Frau nackt zu sehen. Dabei konnte es nicht ausbleiben, daß sie sich plötzlich im Garten gegenüberstanden. Da gestand einer dem anderen seine Gier nach dieser Frau, und sie beschlossen, gemeinsam zu handeln. Sie wollten beide ihre Lust an dieser Frau stillen.

An einem der nächsten Tage versteckten sie sich zur Mittagszeit im Garten in der Nähe des Teiches. Bald kam auch Susanna mit zwei Sklavinnen, wie es ihre Gewohnheit war, in den Garten, um zu baden; der Tag war sehr heiß. Susanna sprach zu ihren Sklavinnen: »Holt mir Seife und Creme und schließt den Garten zu, denn ich will jetzt baden.« Während die Dienerinnen fortgingen, das Gewünschte zu holen, entkleidete sich Susanna. Da sahen die beiden alten Männer zum erstenmal den wundervollen Leib dieser Frau. Bei diesem Anblick wich alle Vernunft aus ihrem Hirn. Sie spürten ein unbändiges Verlangen nach dieser Frau, koste es, was er wolle. Sie sprangen aus ihrem Versteck hervor und flüsterte ihr erregt zu: »Du siehst, der Garten ist zugeschlossen, und niemand sieht uns. Wir aber sind entbrannt in Liebe zu dir. Deshalb leg dich hier zu uns zwischen das Gebüsch, wir wollen es beide mit dir tun, einer nach dem anderen.« Sie öffneten ihre Gewandfalten und zeigten der Frau, daß sie bereit waren. Die Frau wich zurück und raffte ihre Gewänder zusammen, um ihre Blöße zu bedecken. Die beiden Alten aber bedrängten sie:

»Wenn du jetzt nicht sofort tust, was wir von dir verlangen, werden wir öffentlich behaupten, daß wir einen jungen Mann bei dir gefunden haben und du deine Sklavinnen deswegen hinausgeschickt hast. Du weißt, daß du dann als Ehebrecherin hingerichtet wirst. Du bist jetzt in unserer Hand, und du mußt dich uns hingeben.« Und sie streckten ihre Hände nach ihr aus.

Susanna aber überlegte blitzschnell: »Wenn ich den beiden Alten zu Willen bin, werde ich wirklich schuldig, und sie können in Zukunft immer wieder zu mir kommen. Verweigere ich mich ihnen aber, muß ich ihre Rache fürchten, die ist schrecklich. Daß sie es ernst mit ihrer Drohung meinen, ist sicher; sie haben das Heft in der Hand. Aber ich will lieber unschuldig sterben als schuldig werden.

Und laut begann sie um Hilfe zu rufen. Doch mit ihr schrien nun auch die beiden Alten. Einer von ihnen lief zur Tür des Gartens und schloß sie auf, so daß die Dienerschaft in den Garten eilen konnte. Diesen Leuten sagten nun die beiden Richter, was sie der Susanna bereits angedroht hatten.

Schon am nächsten Tag riefen die beiden Ältesten das Volk der Hebräer zusammen und berichteten: »Als wir beide in der Mittagszeit allein im Garten umhergingen, kam diese Frau hinein mit zwei Sklavinnen. Sie schickte die beiden Frauen fort und hieß sie die Tür fest abschließen. Da kam plötzlich ein junger Mann zu ihr, der sich vorher im Gebüsch versteckt hatte. Sie legten sich unter einem Baum ins Gras und frönten in aller Öffentlichkeit ihrer Lust. Als wir aus einem Winkel des Gartens solche schändliche Tat sahen, liefen wir eilends hinzu und fanden beide so, wie wir es sagten. Der junge Mann aber sprang auf, riß seine Kleider an sich und rannte fort; wir versuchten ihn noch festzuhalten, aber er war stärker als wir und entkam. Die Frau hielten wir fest und fragten sie, wer der junge Mann war. Wir wollten auch ihn vor Gericht stellen. Aber sie sagte es uns bisher nicht. Das alles beeiden wir mit unserem Wort.«

Und das Volk, das immer Sensationen liebt, glaubte den beiden als Älteste und Richter; dieselbe Aussage von zwei Männern ist in Israel Voraussetzung für ein gültiges Zeugnis. Damit wurde Susanna des Ehebruchs angeklagt und zum Tode verurteilt; öffentlich sollte sie gesteinigt werden. Sie konnte nichts weiter tun, als flehentlich zu beten, Gott möge ihre Unschuld ans Licht bringen. Und Gott erhörte ihr Gebet.

Als man sie zu dem Platz führte, wo die Ehebrecher gesteinigt werden, rief plötzlich ein junger Mann mit Namen Daniel: »Ich will unschuldig sein an diesem Blut!«

Da wandten sich ihm alle zu und fragten, was er meinte. Er aber rief: »Seid ihr von Israel solche Narren, daß ihr eine Frau verurteilt, ehe ihr genau die Sache erforscht und ganz sicher wißt, daß sie schuldig ist? Laßt uns noch einmal das Verfahren aufnehmen; ich behaupte jedenfalls, daß die beiden Alten einen Meineid geschworen haben!«

Diese Worte des Daniel hatten eine große Wirkung auf das Volk. Er war jung, und in Israel galt das Wort eines erfahrenen, alten Mannes mehr. Aber Daniel hatte wiederholt gezeigt, daß Gott mit ihm war und ihm auch Weisheit gegeben hatte, Dinge zu deuten, die den alten Männern und den Weisen verschlossen geblieben waren. Der König von Babylon hatte ihn als Ausländer immerhin auf einen Ministerstuhl gesetzt. Sein Wort besaß Gewicht, auch in der jüdischen Gemeinde.

So kehrte das Volk mit Susanna um und versammelte sich in Jojakims Villa. Daniel setzte sich auf den Richterstuhl und befahl, die beiden alten Männer so weit voneinander zu trennen, daß sie sich nicht mehr gegenseitig hören oder Zeichen geben konnten. Als das geschehen war, fragte Daniel den ersten Zeugen: »Was war das für ein Baum, unter dem ihr die beiden erwischt habt?« Der Mann antwortete: »Sie lagen unter einer Linde.« Dieser Mann wurde fortgeführt, der andere kam, und auch ihn fragte Daniel, unter welchem Baum er das Liebespaar gesehen habe. Dieser Mann antwortete: »Es war eine Eiche«. Da erkannte das Volk, daß die beiden

Richter einen falschen Eid geschworen hatten. Daniel aber hatte mit dieser einfachen Frage die Unschuld Susannas bewiesen.

Ihre Familie nahm sie glücklich in ihre Arme, und ihr Mann Jojakim lebte noch viele Jahre mit ihr in Babylon. Die beiden geilen Richter aber wurden wegen Meineids gesteinigt, wie das Gesetz es befahl.

Die apokryphe Geschichte von Susanna und Daniel

Die beiden Richter bedrängen Susanna, Julius Schnorr von Carolsfeld

Judith und Holofernes

Nebukadnezar war einst ein großer und mächtiger König in Assyrien. Prachtvoll baute er die Stadt Ninive aus. Seine Truppen besiegten alle Völker an Euphrat und Tigris. Als der König sie alle besiegt hatte, schickte er Botschafter an die Völker von Cilicien, Damaskus, auf dem Libanon, dem Karmel und in Kedar, auch zu denen in Samarien und jenseits des Jordan bis nach Jerusalem, in das Land Gosen bis an die Grenze des Mohrenlandes. Er forderte sie auf, sich zu unterwerfen und ihm Tribut zu zahlen. Aber diese Völker lehnten es ab, ihn als ihren König anzuerkennen. Sie verspotteten sogar die Botschafter, schlugen sie und schickten sie so mit Schande zu ihrem König zurück.

Da wurde König Nebukadnezar sehr zornig über alle diese Länder und schwor bei seinem Königsthron und Reich, er wolle nicht eher Ruhe geben, bis er sich an allen diesen Völkern gerächt habe. Und gab seinem Oberbefehlshaber Holofernes den Auftrag, mit dem Heer loszuziehen und Rache zu üben an ihnen allen. Holofernes aber befehligte ein Heer von einhundertzwanzigtausend Soldaten zu Fuß und zwölftausend Bogenschützen zu Pferde. Dazu kamen die Lastkamele mit zusätzlichen Waffen und dem Proviant, außerdem Ochsen und Schafe zur weiteren Nahrung. Siegreich zog er von Stadt zu Stadt, er zerstörte jedes Haus, allen Besitz der Menschen nahm er mit fort. Die Soldaten töteten jeden, der sich ihnen in den Weg stellte. Die Frauen wurden vergewaltigt und mit ihren Kindern in die Sklaverei gebracht.

Manche Stadtoberen versuchten sich nun doch mit den Feinden zu versöhnen. Die Regenten und Vornehmsten samt dem Volk zogen aus der Stadt dem Heer entgegen mit Kränzen, Kerzen, Reigen, Pauken und Pfeifen. Sie knieten mit kostbaren Geschenken vor Holofernes. Aber alle Mühe kam zu spät. Ihre Städte wurden dem Erdboden gleichgemacht, ihr Besitz mitgenommen und nach Assyrien gebracht, sie selbst wurden getötet oder in die Sklaverei gebracht. Die Köpfe der Regenten wurden abgeschlagen, auf Lanzen gespießt und mitgenommen.

Auch die Israeliten erfuhren, was mit den Völkern ringsum geschah, und Furcht und Schrecken kam über sie. Der Priester Jojakim gebot den Männern, die Bergpässe zu besetzen und bis zum letzten Atemzug zu kämpfen. Den Frauen gebot er, zu fasten und für das Heil des Volkes zu beten. Gemeinsam riefen sie zum Herrn in ihrer großen Not. Und doch mußten sie fürchten, von solch einem unvorstellbar mächtigen Heer überwältigt und vernichtet zu werden. Als sie gar das riesige Feldlager des Holofernes sahen, als sie hörten, wie leicht diese Truppen den Widerstand sehr viel größerer Städte gebrochen hatten, fielen sie auf die Erde, streuten Asche auf ihr Haupt und beteten – und dennoch glaubte niemand ernsthaft an eine Errettung.

Holofernes ließ auch die Stadt Bethulia einkreisen. Niemand sollte heimlich die Stadt verlassen können. Bald schon bemerkte der erfahrene Heerführer, daß es außerhalb der Stadt einen Brunnen gab, der die Einwohner mit Wasser versorgte. Die Wasserröhren vom Brunnen zur Stadt ließ er sofort zerschlagen. So hoffte er ohne großen Verlust von seiner Seite die Stadt zur Übergabe zu zwingen. Doch es gab noch kleinere Brunnen außerhalb der Stadt, von denen er nichts wußte. Da sie zugedeckt und mit Gras oder Sträuchern überwuchert waren, konnte er sie nicht gleich erkennen. So schlichen die Bewohner der Stadt im Schutze der Nacht zu diesen Brunnen und trugen weg, was sie auf ihren Köpfen tragen konnten. Dieses Wasser erhielt ihren Widerstand.

Doch bald entdeckten die Späher des Holofernes den nächtlichen Zug der Leute von Bethulia, und Holofernes ließ jeden Brunnen mit hundert Soldaten besetzen und für seine Armee daraus schöpfen. Da breitete sich die Not vollends in der Stadt aus. Nach zwanzig Tagen war auch die letzte Zisterne innerhalb der Stadtmauern leer bis auf den letzten Tropfen. Da meuterte die Einwohnerschaft gegen die Ältesten: »Es ist besser, daß wir uns ergeben und am Leben bleiben und so Gott loben, als daß wir umkommen und vor aller Welt zuschanden werden und sehen sollen, daß unsere Frauen und Kinder so jämmerlich vor unseren Augen sterben müssen.« Und die Ältesten versprachen, nur noch fünf Tage auf Hilfe zu sinnen; dann wollten sie die Stadt den Assyrern übergeben.

In Bethulia lebte auch Judith, eine Witwe seit drei Jahren und sechs Monaten. Sie war reich und vor allem schön. Sie besaß einen guten Ruf in der ganzen Stadt, niemand konnte ihr etwas Böses nachsagen. In der schweren Zeit der Belagerung zog auch sie ein Sackkleid an und fastete täglich, außer an den Sabbaten, Neumond und anderen Festen in Israel. Als sie nun hörte, die Stadt solle in fünf Tagen übergeben werden, zeigte sie sich empört und teilte den Ältesten mit, sie werde versuchen, die Stadt zu retten. Niemand aber solle sie fragen, wie sie das mache, das sei ganz allein ihre Sache.

Nun legte sie den Sack ab, wusch sich, so gut es bei Wassermangel ging, salbte ihren Körper mit den duftendsten Ölen von oben bis unten. Sie flocht kunstvoll ihre Haare und setzte ihre schönste Haube auf. Sie zog ihre schönsten Kleider an und tat die besten Schuhe an ihre Füße. Sie schmückte sich mit Spangen und Geschmeide und legte ihren Schmuck an. Und alle im Hause, die sie so sahen, erschraken über ihre Schönheit, obgleich sie die Herrin seit langem kannten. In der Zeit der Not erschien sie ihnen jetzt wie eine Gottheit. Als sie sich so geschmückt hatte, gab Judith einer ihrer Sklavinnen einen Schlauch mit Wein, einen Krug mit Öl und einen Beutel mit Feigenkuchen, Mehl und Brot. Und am frühen Morgen ließ sie die kleine Tür des Stadttores aufschließen, um mit der Sklavin hinauszuschlüpfen und zu den Assyrern zu gehen. Sie hatten den Fuß des Berges noch nicht erreicht, da kreiste sie schon die erste Streife der Assyrer ein und fragte nach dem Woher und Wohin. Judith antwortete, sie habe mit ihrer Sklavin die Stadt verlassen und wolle dem Holofernes verraten, wie er die Stadt erobern könne, ohne auch nur einen einzigen Soldaten zu verlieren. Die Soldaten, die bisher gewohnt waren, jede Frau zu schänden und anschließend umzubringen, wagten sich an die hoheitsvolle Judith nicht heran; sie waren wie geblendet von ihrer Erscheinung und benommen von ihrer Ausstrahlung. Sie nahmen die beiden Frauen in ihre Mitte und führten sie zum Zelt des Holofernes. Und dem Feldherrn erging es ebenso: Er sah diese Frau und war gefangen von ihr. Der große Feldherr, der bisher gewohnt war, alles ohne Hindernisse zu nehmen, wonach ihn gelüstete, begegnete Judith höflich und zuvorkommend. Seine Liebe zu ihr loderte hell auf, aber er wollte um ihre Zuneigung werben, wie das jeder ehrbare Mann tut.

Judith kniete vor Holofernes nieder und berührte mit ihrer feinen Stirn den Boden vor seinen Füßen. Die Soldaten aber flüsterten einander zu: »Das hebräische Volk ist wirklich nicht zu verachten, wenn es so schöne

Frauen hat. Sollte man nicht allein Krieg führen, um solche Frauen zu gewinnen?« Holofernes aber hieß Judith sich erheben und redete ihr gut zu; es werde ihr nichts geschehen, sie stehe von nun ab unter seinem persönlichen Schutz. Sie solle nun einmal berichten, weshalb sie sich so auf Gedeih und Verderb zu ihm gewagt habe. Judith antwortete, sie sei davon überzeugt, daß der Gott Israels sein Volk für allen Ungehorsam strafen wolle. Und es sei jetzt schon schrecklich in der Stadt: Die Einwohner stillten ihren Durst mit dem Blut der Tiere; sie äßen auch die Lebensmittel, die der Gottheit geweiht seien. Sie waren der Überzeugung, daß Holofernes ein Werkzeug Gottes für sein Strafgericht am Volk sei, und auch sie verstehe sich als ein solches Werkzeug. Deshalb wolle sie den Prozeß beschleunigen und die Soldaten des Holofernes heimlich in die Stadt führen.

Holofernes glaubte ihr alles, was sie sagte. Denn ihre Stimme klang seltsam in seiner Seele nach. Er schaute in ihr Gesicht, und da war keine Lüge zu erkennen. Er beobachtete ihre Gesten, doch ihre Hände zitterten oder verkrampften sich nicht. Seine Gedanken konzentrierten sich darauf zu überlegen, ob diese Frau wohl bei ihm bleiben könnte. Er kam gar nicht darauf zu überlegen, ob diese Frau wohl bei ihm bleiben wollte. Er kam gar nicht auf den Gedanken, diese Frau könne ihm zum Verderben werden. Er bot ihr zu essen an, aber sie wollte lieber ihre eigene mitgebrachte Nahrung mit ihrer Sklavin zubereiten. So bot er ihr ein Gastzelt an, das sie dankend annahm und mit ihrer Sklavin teilte. Auf ihre Bitte hin erließ er die Weisung, daß sie sich ohne Einschränkung frei im Lager bewegen durfte, um ihre rituellen Waschungen zu vollziehen und morgens und abends ihre Gebete zu sprechen. Drei Tage gab ihr der Feldherr; dann wollte er die Frau und die Stadt haben. Drei Tage lang bewegte sie sich frei im riesigen Lager der Assyrer, und kein einziger Mann, der diese Frau bewundernd oder begehrlich anschaute, kam auf den Gedanken, sie könnte eine Verräterin sein. Am vierten Tag aber befahl der siegesgewohnte Feldherr ein großes Gastmahl mit seinen engsten Freunden, und seinem Adjutanten befahl er: »Geh hin und sag der hebräischen Frau, sie soll heute kommen und sich nicht weigern, anschließend mit mir das Lager zu teilen; denn es ist eine Schande bei den Assyrern, daß eine solche Frau sollte unberührt von uns kommen und einen Mann genarrt haben.«

Als ihr der Adjutant die Nachricht überbrachte, antwortete Judith sehr freundlich: »Wie darf ich's meinem Herrn versagen? Alles, was ihm lieb ist, das will ich von Herzen gern tun all mein Leben lang.« Und sie erhob sich und schmückte sich mit all ihrem Schmuck und betrat gewaschen und nach Rosen duftend das Festzelt, wo Holofernes bereits mit seinen Freunden saß. Und als sie so in all ihrer Schönheit vor ihm stand, entbrannte erneut sein Herz zu lodernder Flamme. Er hatte nur noch den einen Gedanken, diese Frau auf sein Lager zu geleiten. Er hieß die Frau sich neben ihn hinsetzen. Er legte ihr die schönsten Stücke zum Essen vor, goß ihr persönlich den Wein in ihren Becher. Die Frau aß zwar wieder von ihren eigenen Vorräten, sie sagte, das Gesetz ihres Gottes gebiete ihr keine andere Nahrung als die, die sie mitgebracht habe. Aber sie begegnete dem Feldherrn sehr freundlich und gab ihm die Gewißheit, er werde in dieser Nacht das ersehnte Ziel bei ihr erreichen und in der Frühe des nächsten Morgens in die eroberte Stadt einziehen. Mit dieser Gewißheit verlor Holofernes die Kontrolle über sich. Er trank mehr, als ihm gut tat. Da aber seine Freunde tapfer mithielten, dauerte das Gelage bis weit nach Mitternacht. Erst dann ergab sich einer nach dem anderen und schwankte zu seinem Zelt. Judith blieb allein mit ihrer Sklavin und dem Feldherrn. Die Diener räumten das Zelt auf und legten die Schlafmatten auf den Boden. Holofernes aber konnte mit Judith nicht mehr tun, was er sich doch so gewünscht hatte. Er fiel auf sein Lager und war bald fest eingeschlafen. Die Diener bedeuteten der Frau sich neben den Feldherrn zu legen; die Magd rollte sich zu Füßen der beiden auf einer Schlafmatte zusammen. Es wurde still und dunkel im Zelt.

Da befahl Judith der Sklavin, vor das Zelt zu gehen und aufzupassen, daß niemand hereinkam. Als die Sklavin das Zelt verlassen hatte, zog sie das Schwert des Holofernes, das am Bettpfosten hing, aus der Scheide, packte kurz entschlossen den Kopf des Mannes und schlug ihm mit zwei kräftigen Schlägen das Haupt ab. Sie wickelte den Kopf in ein Tuch und ging zu ihrer Sklavin vor das Zelt. Alles war ruhig im Lager. Judith steckte das Paket in den Beutel, in dem sich die Vorräte für sie befunden hatten, der nun aber leer geworden war. So verließen sie noch in der Dunkelheit das Lager. Die Wachen glaubten, die beiden Frauen seien wie gewöhnlich zum Morgengebet unterwegs. Unbehelligt kamen sie vor das Tor ihrer Stadt und riefen die Wachen an. Als etwas später die Einwohner mit den Ältesten zusammenströmten, um die beiden Frauen zu bestaunen, die sie längst tot geglaubt hatten, holte Judith das blutige Paket aus dem Sack, wickelte das bleiche, blutige Haupt des Holofernes aus dem Tuch und hob es an den Haaren hoch. Aber während das Volk die Frau als die Retterin der Stadt bejubelte, blieb ihr Herz traurig. Sie sah die edlen Züge dieses Mannes, sie hatte noch seine guten Worte in Erinnerung, sie erinnerte sich an seine kraftvolle Männlichkeit, und in schlaflosen Nächten stellte sie sich vor, wie es wohl hätte kommen können, wären sie sich in friedlichen Zeiten begegnet.

Judith wurde sehr alt. Auch später noch warben viele Männer um sie; denn sie blieb schön und besaß viele Güter. Aber sie blieb allein bis zu ihrem Tod.
Das apokryphe Buch Judith

Judith tötet Holofernes, Julius Schnorr von Carolsfeld

Salome

Auf Drängen seiner Frau Herodias gab König Herodes der Palastwache den Befehl, Johannes, den Täufer, zu verhaften und in das Verlies seines Palastes zu bringen. Dabei schätzte Herodes den Propheten. Mit Respekt und heimlicher Furcht hatte er von den Bußtiraden des Gottesmannes gehört: »Der Baum, der keine gute Frucht bringt, wird abgeschlagen und ins Feuer geworfen. Da muß er verbrennen. Es ist bereits die Axt den Bäumen an die Wurzel gelegt.« Aber stärker als die Furcht vor Johannes war sein Gehorsam gegenüber seiner Frau Herodias. Sie hatte er schon als ganz junger Mann geliebt, aber er konnte sie zunächst nicht heiraten, weil sie bereits mit seinem Bruder Philippus verheiratet war. Da ließ Herodes seinen Bruder ermorden und heiratete seine Schwägerin. In der Zeit seiner Herrschaft hatte er Hunderte, vielleicht Tausende, umbringen lassen, auch engste Freunde und Verwandte; da kam es auf einen mehr oder weniger nicht an. Schließlich war er der König, und ein König konnte über Leben und Tod eines Menschen befinden, ohne irgend jemandem dafür

Rechenschaft geben zu müssen. So wurde im Volk zwar über die Ermordung des Bruders und die Heirat der Schwägerin geflüstert, öffentlich wagte aber niemand, etwas zu sagen – außer Johannes. Der hatte immer wieder das Unrecht beim Namen genannt und öffentlich angeprangert. Auch ein König, rief er, steht unter Gott, und der allein entscheidet, was richtig, was falsch ist. Dafür wurde der Prophet eingekerkert.

Mit der Verhaftung von Johannes erreichte die Königin zwar, daß dieser das Unrecht nicht mehr öffentlich beim Namen nennen konnte. Mit Empörung und Haßgefühlen bemerkte sie aber, daß Herodes den Propheten mit dem ungeschorenen Haupt und dem immer ungepflegteren Äußeren gern zu sich kommen ließ, daß er mit ihm sprach, daß er auf seine Gedanken hörte und sich von ihm beraten ließ. Sie wollte den Tod des Johannes, sie spürte, daß ihr Mann mehr auf den schmutzigen Propheten als auf sie hörte. Aber an dieser Stelle blieb der oft so weiche König hart: Den Propheten Gottes darf man nicht töten. Dann bringt man Gott selbst gegen sich auf. Herodias quengelte und schrie, sie weinte und beschwor ihren Mann, doch der stand fest zu seiner Meinung: Johannes ist ein heiliger Mann, den darf niemand töten.

Herodias aber behielt ihr Ziel vor Augen. Sie wartete auf eine günstige Gelegenheit. Irgendwann würde sie kommen. Und sie kam. Der König feierte seinen Geburtstag und lud zum Abend die Obersten und

Hauptleute und Vornehmsten von Galiläa ein. Da fühlte er sich in seinem Element. Er feierte gern und ausschweifend. Mit seinen Gästen lag er auf weichen Polstern, wie es üblich war. Er aß und trank noch mehr als gewöhnlich, der Wein löste seine sonst etwas gehemmte Zunge. Die Gäste erhoben immer wieder die goldenen Becher auf sein Wohl. Die Musik machte ihn fröhlich, die Formen der Frauen, die sich unter den leichten und fast durchsichtigen Gewändern abzeichneten, ließen seine Augen glänzen. Die wiegenden Schritte der jungen, leicht bekleideten Sklavinnen, die immer neu zu essen und zu trinken brachten, verfolgte er wie alle Männer im Raum mit lüsterner Freude.

Da sah Herodias ihre Chance. Sie schlug ihrer Tochter Salome vor, zu Ehren ihres Stiefvaters vor den Gästen zu tanzen. Salome tanzte gern und gut, und sie wußte um ihre Anziehungskraft auf Männer; sie war trotz ihrer Jugend erfahren im Umgang mit ihnen. Und sie war hemmungslos wie ihre Mutter. So ließ sie sich gern von ihrer Mutter einkleiden und schminken, wie es der König liebte. Die Königin öffnete Salomes blauschwarze Haare, die bis zur Hüfte reichten. Sie gab ihr schleierähnliche Gewänder, die vom Körper mehr offenbarten als verhüllten. Eine schmale goldene Kette umspannte den linken Knöchel, an den Ohren hingen lange, goldene Geschmeide, mit funkelnden Diamanten besetzt. Ein schweres Parfüm, betäubend für die Gäste, tat ein Übriges.

Herodias gab den Musikern genauestens Anweisung, was und wie sie zu spielen hätten. Und gegen Mitternacht, als bei manchem, vor allem bei Herodes, die Selbstkontrolle weitgehend aussetzte, trat unter dumpfen Trommelwirbeln wie eine Erscheinung aus einer anderen Welt Salome in die Mitte des Saales. Und sie tanzte mit wunderbarer Geschmeidigkeit, und sie bewegte ihren Körper so, daß auch der letzte Mann die Schwingungen ihrer Hüften, das Wippen ihrer Brüste nicht übersehen konnte. Das schwere Parfüm breitete sich, begünstigt durch den sich im Tanz aufwärmenden Körper, betäubend im Raum aus. Salome tanzte. Einen Schleier nach dem anderen warf sie unter die gierende Männerschar, und die rissen die Tücher an sich und hielten sie an ihr Gesicht, um den Duft ihres Körpers aufzunehmen. Schließlich trug die junge Frau nur noch einen schmalen, goldenen Gürtel um die Taille. Sie trat in die Mitte des Kreises, wo die Männer lagen und sie mit blutunterlaufenen Augen und offenen Mündern gierig anstarrten. Jeder sah jede Einzelheit ihres Leibes, jede Bewegung. Sie alle hatten ihre Frauen, ihre Geliebten und ihre Sklavinnen, die ihnen zu Willen waren, wann immer ihnen danach war. Aber hier tanzte die Prinzessin, das war etwas Besonderes. Vielleicht war die Geliebte oder eine Sklavin schöner, aber die konnten sie jeden Tag sehen und berühren. Diese junge Frau würden sie wohl nur ein einziges Mal in ihrem Leben so sehen wie jetzt. Salome tanzte immer wilder unter der wilden Musik.

Als schließlich Salome unter dem letzten Trommelwirbel aus dem Festsaal wehte, brach ein unbeschreiblicher Jubel aus. Wie besessen erschienen diese angetrunkenen Männer, die da brüllten. Als hätten sie noch nie eine nackte und tanzende Frau gesehen. König Herodes aber war stolz und glücklich. Das war der gelungenste Abschluß seiner Geburtstagsfeier; davon würde man noch nach Jahren schwärmen. Im Hochgefühl seiner Stimmung ließ er Salome, die sich inzwischen wieder angekleidet hatte, rufen: »Du hast mir die größte Freude gemacht, die mir ein Mensch machen konnte. Deshalb bitte von mir, was du willst, ich will es dir geben. Vor allen Freunden hier schwöre ich dir, bis zur Hälfte meines Königreiches will ich dir alles schenken, was du dir wünschst.«

Die Prinzessin verneigte sich anmutig vor dem König und ging hinaus zu ihrer Mutter, die hinter den schweren Vorhängen alles beobachtet hatte: »Was soll ich bitten? Ich hab doch alles.« Und Herodias streichelte ihr Haar: »Bitte um das Haupt des Johannes.« Und Salome ging wieder zum König hinein und sagte: »Ich will, daß du mir sofort das Haupt von Johannes auf einer goldenen Schale bringst.«

Da war der König mit einem Schlage nüchtern, und er wurde sehr traurig. Aber er hatte vor allen Gästen seinen Eid geleistet. So befahl er einem Soldaten seiner Leibwache, das Werk zu tun. Der stieg hinab und kam nach angemessener Zeit mit dem blutenden Haupt von

Johannes in einer goldenen Schale nach oben und gab es dem König. Der sah beiseite, als Salome die Schale aufnahm und sie zu ihrer lächelnden Mutter trug.
Das Evangelium nach Markus, 6, 16-29

Salome empfängt den Kopf des Johannes, Aus »Biblischer Bilderschatz«

Jesus und die Ehebrecherin

In der Frühe des Tages, unmittelbar nach Öffnung der Tempelvorhallen, setzte Jesus sich in einen der Bogengänge, dorthin, wo der Boden nicht gepflastert war. Er liebte es, mit den Füßen die Erde zu berühren, sich an einer Pflanze zu erfreuen, auch wenn sie noch so bescheiden war. Das Dach über sich brauchte er; denn schnell wurde es sehr heiß.

Kaum saß er im Gang, kamen die ersten Männer zu ihm. Sie sahen seine große und schlanke Gestalt, sein freundliches, kluges Gesicht, das von langem Haar und einem Vollbart eingerahmt war. Sie setzten sich zu ihm auf die Hocker, die da in den Gängen standen. So bildeten sie nach und nach einen Kreis in den Arkaden. Sie sprachen miteinander, sie hörten ihm aufmerksam zu, manche nun schon über Tage. Sie widersprachen. Sie fragten. Sie spürten: Er weiß mehr als wir alle. Er sagt uns Dinge, die wir ahnten, bisher aber nicht aussprechen konnten.

Sie saßen vielleicht zwei Stunden so, als Unruhe in den Männerhof kam. Ein paar Männer führten eine Frau in ihrer Mitte. Sie war nur notdürftig angezogen. Wirr hing ihr langes Haar über die Schultern. Barfuß lief sie. Die Männer hatten sie augenscheinlich sehr roh behandelt, denn blutige Streifen zogen sich über ihre Wangen. Ihre Augen flackerten. Todesangst stand in ihrem Gesicht, mehr aber vielleicht noch die Scham, so durch die Straßen getrieben zu werden.

Die Männer stießen die Frau in die Mitte des Gesprächskreises. Einer von ihnen wandte sich an Jesus: »Meister, diese Frau haben wir eben in flagranti beim Ehebruch erwischt. Nach dem Gesetz des Mose wird der Ehebruch damit bestraft, daß wir sie mit Steinen totschlagen. Aber du hast doch immer neue, ganz besondere Gedanken. Wie denkst du über diesen Fall? Wir wollen es gern von dir hören.«

Er antwortete nicht gleich. Er schrieb mit dem Zeigefinger in den Sand vor ihm, irgendetwas – es war nicht wichtig. Denn er überlegte, was er antworten sollte. Vielleicht sollte er fragen, wo denn der Mann ist, mit dem die Frau zusammengelegen hatte. Nach dem Gesetz des Mose waren beide zu steinigen, der Mann und die Frau. In der Praxis der letzten Jahrhunderte wurde aber nie ein Mann gesteinigt, immer nur die Frau. Ein Mann, der es mit mehreren Frauen trieb, war ein Held und gab damit an. Eine Frau, die es tat, weil sie einen anderen Mann wirklich liebte, wurde als Hure beschimpft und mit dem Tode bestraft. Zu jenen Zeiten verkaufte eine Familie die Tochter an einen Mann ihrer Wahl, wenn sie sich davon Vorteile versprach. Auch diese junge Frau war vielleicht schon als Kind mit einem Mann verheiratet worden, den sie nie vorher gesehen hatte und den sie nicht liebte. Nun hatte sie zum erstenmal einen Mann geliebt, mit allen Fasern ihres Leibes und allen Schwingungen ihrer Seele. So sehr hatte sie ihn geliebt, daß sie selbst der Gedanke an den Tod nicht schreckte, daß sie in seinen Umarmungen gar nicht mehr daran dachte. Vor Zeugen war sie von ihrem Ehemann entdeckt und gegriffen worden. Den Geliebten, mit dem sie das Lager geteilt hatte, ließ man laufen. Doch über sie sollte das Todesurteil gesprochen werden.

Den Schriftgelehrten, die das Treiben Jesu mit Mißtrauen und nur schlecht unterdrückter Wut beobachteten, kam der Fall sehr gelegen. Wie oft hatte er vor vielen Menschen gesagt: »Ihr habt gehört, daß zu den Alten gesagt ist ... Ich aber sage euch ...« Und das, was er sagte, war anders, als das, was sie verkündeten. Nun wollten sie sehen, was er diesmal sagte. Vielleicht reichte es, um ihn als Gotteslästerer zu entlarven.

Endlich richtete sich der Rabbi auf, sah in die Augen der Frau, dann in den Kreis der Männer und antwortete: »Wer unter euch ohne Sünde ist, der werfe den ersten Stein.« Als er dies gesagt hatte, neigte er sich wieder zur Erde und schrieb in den Sand. Er sah nicht auf, als er das Geräusch von Schritten hörte, von Schritten, die sich entfernten. Erst war es ein einzelner, dessen Schritte er hörte, dann wurden es mehr, bis es still wurde unter den Arkaden. Er richtete sich wieder auf und sah der Frau ins Gesicht. Sie schaute auch ihn an mit ungläubigem Staunen.

»Frau, wo sind die, die dich verklagt haben?« fragte er. Und die Frau antwortete: »Sie sind alle fortgegangen, Herr.« »So will ich dich auch nicht anklagen«. antwortete Jesus. »Geh nach Hause und sündige in Zukunft nicht mehr.« Und die Frau verließ den Tempel. Ihr schien es, er habe ihr ein neues Leben geschenkt.
Johannes 8, 2 - 11

Jesus rettet die Ehebrecherin, Julius Schnorr von Carolsfeld